코리안 디아스포라의 혼종성과 문화영토

저자

임채완 전남대학교 정치외교학과 교수, 세계한상문화연구단 단장, 정치사회학 박사

선봉규 전남대학교 세계한상문화연구단 연구교수, 정치학 박사

지충남 전남대학교 세계한상문화연구단 연구교수, 정치학 박사

박경환 전남대학교 지리교육학과 교수, 지리학 박사

전형권 전남대학교 세계한상문화연구단 연구위원, 정치학 박사

전남대학교 세계한상문화연구 5차 총서 7

코리안 디아스포라의 혼종성과 문화영토

2015년 8월 25일 초판 인쇄
2015년 8월 30일 초판 발행

지은이 | 임채완 · 선봉규 · 지충남 · 박경환 · 전형권
펴낸이 | 이찬규
펴낸곳 | 북코리아
등록번호 | 제03-01240호
주소 | 462-807 경기도 성남시 중원구 사기막골로 45번길 14
우림 2차 A동 1007호
전화 | 02-704-7840
팩스 | 02-704-7848
이메일 | sunhaksa@korea.com
홈페이지 | www.북코리아.kr
ISBN | 978-89-6324-444-0 (93300)

값 18,000원

※ 이 총서는 2010년도 정부재원(교육과학기술부 인문사회연구역량강화사업비)으로 한국연구재단의 지원을 받아 연구되었음(NRF-2010-413-2013S1A5B8A01055017).
This work was supported by the National Research Foundation of Korea Grant funded by the Korean Government(NRF-2010-413-2013S1A5B8A01055017).

전남대학교 세계한상문화연구 5차 총서 7

코리안 디아스포라의 혼종성과 문화영토

Korean Diaspora: Hybridity and Cultural Territory

임채완 · 선봉규 · 지충남 · 박경환 · 전형권

북코리아

총서를 펴내며

이 연구총서는 전남대학교 세계한상문화연구단이 2010년도 한국연구재단 대학중점연구소지원사업에 선정된 "민족분산과 지구적 소통으로서 디아스포라 연구"라는 연구과제 중 제1단계 "동북아시아 민족분산과 문화영토"라는 3년간의 연구과정 중 제3차년도에 해당되는 내용으로 1년간 수행한 연구결과물을 엮어 출판한 것이다. 향후 중점연구는 계속해서 제2단계 3년간 "동북아시아 디아스포라의 초국가적 성격", 제3단계 3년간 "디아스포라 공동체와 지구적 소통"이라는 연구주제로 총 9년간에 걸쳐 수행되며 연구결과물은 총서로 출판될 예정이다.

본 연구단이 수행한 중점연구 제1단계의 연구목표는 근·현대 동북아 디아스포라 공동체에 대한 역사적 문화인류학적 연구방법을 통해 동북아 디아스포라의 이산경로와 문화영토를 학문적으로 재현하는 데 있다. 이를 위해 근·현대 동북아 디아스포라(한인, 화인, 일계인)의 민족분산과정에서 형성된 디아스포라 이주루트(Diaspora Route)를 계보학(Genealogy)의 관점에서 지도화(Mapping)하고, 이주과정에서 형성된 그들의 경험과 기억을 '개별적 기억', '집단적 기억과 영토의 재구성', '축제와 민속에 나타난 문화의 재구성'이라는 세 가지 관점에서 접근하고 있다.

구체적으로 중점연구 제1단계 3년간의 연구수행 내용을 살펴보면, 제1년차는 동북아 민족 이산자들의 개별적인 월경 경험과 기억을 구술생애사 채록 등의 다양한 방법으로 자료를 수집하였다. 제2년차는 제1년차에서 연구한 디아스포라 민족분산에 관한 개인적 기억에 이어, 공간적 치환과정에서 경험한 집단적 기억을 재현하는 데 중점을 두었다. 즉 이주자들이 거주국(Host Country)에서 어떻게 터를 잡고 재영토화를 시도하였는지에 대하여 집거지 연구를 통해 조명하는 것이다. 제3년차는 동북아 디아스포라 공동체가 비교적 잘 형성된 연구대상 지역을 중심으로 혼종성과 문화영토의 관점에서 축제와 민속문화 자원을 수집하여 민속학적으로 해석하는 작업이다. 이러한 연구결과를 토대로 동북아 디아스포라들이 이산의 땅에서 공동체 문화를 어떻게 집단적으로 재현해 내고 있는지를 탐구하는 것이며 3년간의 연구과정에서 수집된 문헌자료와 구술채록 등 연구 성과물을 아카이브 시스템으로 구축하여 후속연구에 유용한 자료를 제공할 것이다.

제1단계 제1차년도 연구총서는 『코리안 디아스포라: 이주루트와 기억』, 『화교 디아스포라: 이주루트와 기억의 역사』, 『일계인 디아스포라: 초국적 이주루트와 글로벌 네트워크』 등 총 3권으로 출판되었다. 제2차년도 연구총서는 『코리안 디아스포라의 집단적 기억과 재영토화』, 『화교 디아스포라의 집단적 기억과 재영토화』, 『일계인 디아스포라의 초국적 공간 이동과 재영토화』 등 총 3권으로 간행되었다. 이번에 출판되는 제3차년도 연구총서는 『코리안 디아스포라의 혼종성과 문화영토』, 『화교 디아스포라의 혼종성과 문화영토』, 『일계인 디아스포라의 혼종성과 문화영토』 등 총 3권이다.

중점연구 제1단계 제3차년도는 "근 · 현대 해외한인, 화인, 일계인의 집거지와 문화영토 비교"라는 주제로 제2년차에서 연구한 동북아 디아스포라의 공간적 치환과 재영토화에 이어 집거지와 문화영토의 비교 연구를 수행하였다. 본 연구소는 중점연구 제1팀(해외한인 연구팀), 중점연구 제2팀(해외화인 연구팀), 중점연구 제3팀(해외일계인 연구팀) 등 세 팀으로 구성하여 한·중·일 3국을 중심으로 동북아 디아스포라의 새로운 정착지에서의 집거지와 문화영토를 비교 분석하였다.

연구방법으로서는 문헌연구를 바탕으로 설문조사와 면접조사를 실시하였다. 국외지역으로는 중국, 일본 및 동남아 화교권 국가인 싱가포르, 말레이시아, 그리고 국내지역으로는 인천과 부산 차이나타운, 서울 동부이촌동 일본인타운 등을 방문하여 현지조사를 실시하였다. 중점연구 세 부팀별로 연구성과 및 수집자료는 다음과 같다.

첫째, 한인팀은 문헌연구와 더불어 중국 연변조선족 자치주를 직접 방문하여 현지조사를 실시하였다. 또한 일본 도쿄, 오사카는 현지 연구협력자를 통해 설문조사와 기초자료 수집 활동을 진행하였다. 현지조사는 중국 연변조선족의 문화생활 실태를 파악하고 관련 기초자료를 수집하기 위해 연변조선족자치주의 연길시, 룡정시, 도문시 등을 방문하였다. 구체적인 현지조사 및 자료수집 성과는 다음과 같다.

먼저 연변조선족의 이주과정 및 이주경로, 민속명절 및 민속놀이 향유 실태, 기념행사 및 축제 향유 실태 등을 살펴보기 위해 설문조사와 면접조사를 실시하였다. 설문조사는 연변조선족 대상 문화생활 실태조사를 실시하여 172부를 회수하였다. 면접조사는 박학송 연길시 소영진 하룡촌 주민, 심연화 도문무형문화유산전람관 관장, 김경남 도문시 월청진 백룡촌 백년부락 족장, 최민호 연변대학 사회학과 교수, 김용수 룡정시 개산툰진 광소촌 당 서기, 김문익 룡정시 조선족민속박물관 관장 등을 면담하였다. 연변조선족 마을 탐방은 연길시 소영진 하룡촌, 도문시 월청진 백룡촌 백년부락, 룡정시 광소촌 어곡전, 룡정시 명동촌 등을 방문하였다.

연변조선족 민속문화 및 놀이, 축제 관련 기초자료는 도서 및 단행본으로 중국조선족풍속백년, 중국조선족풍속, 조선족민속문화급기중국 특색, 중국조선족무형문화유산전시 소개 책자, 조선족민속연구 1-3권 등을 수집하였다. 영상 DVD 자료는 조선족 민속문화 10개(민속체육, 민속무용, 민속놀이, 세시풍속, 인생의례, 의상문화, 거주문화, 음식문화 등), 연변조선족자치주 창립 60주년 기념 대형광장 예술 공연 연변찬가 1개, 중국 도문시 근·현대 역사 및 민속문화 소개 1개 등을 수집하였다. 사진자료는 연변조선족 민속문화기관(조선족민속원, 연변박물관, 도문시 비물질문화유산전람관, 룡정시 조선족민속박물관), 조선족촌(연길시 소영진 하룡촌, 도문시 월청진 백룡촌 백년부락, 룡정시 개산툰진 광소촌 어곡전, 명동촌 등), 민속행사(대보름 행사, 회갑잔치 등) 및 축제(도문 빙설제) 관련 사진 400장을 수집하였다.

재일코리안의 문화생활 실태 조사 및 민속문화생활 관련 기초자료 수집은 예산 부족으로 현지 연구자의 협조로 간접적으로 진행되었다. 재일코리안의 문화생활 설문조사는 뉴커머와 올드커머들을 대상으로 100부를 회수하였으며, 민속문화생활 관련 자료 수집은 기존 발굴 자료들을 정리하였다.

둘째, 화인팀은 해외화인의 문화영토라는 연구를 수행하기 위해서 문헌연구와 더불어 일본 요코하마, 고베 차이나타운 그리고 국내 부산 차이나타운 등을 중심으로 현지조사를 실시하였다. 일본 요코하마와 고베, 그리고 국내 부산 초량의 차이나타운에서 해외화인의 전통문화와 민속놀이에 대한 설문조사와 면접조사를 실시하였다. 구체적인 연구수행 및 자료수집결과는 다음과 같다.

먼저 설문조사는 일본 요코하마 차이나타운 거주 화교화인을 대상으로 설문조사를 실시하여 총 189부를 회수하였다. 면접조사는 화인의 이주과정, 이주경로, 정착지에서 생활, 국가정체성 및 문화정체성, 일본 생활 등의 내용을 중심으로 요코하마 화교학교(대륙계 · 대만계), 요코하마 화교협회(대륙계 · 대만계), 일본복건경제문화추진회(日本福建經濟文化促進會), 요코하마 지회 등을 방문하여 총 8명(羅鴻建 50대 남성, 李潤華 60대 남성, 黃洋玦 60대 여성, 陳聖芳 30대 남성, 謝成發 50대 남성, 張岩松 30대 남성, 曹英生 60대 남성, 林宏仁 40대 남성)을 면담하였다.

화인 관련 기초자료 수집은 화교협회와 화교학교, 일본복건경제문화추진회에서 춘절행사 관련 팸플릿 및 행사 관련 CD 자료 2개, 일본 요코하마 서점과 협회에서 도서 11권 구입 및 대만 화교협회의 6권 및 잡지 3권 도서 입수, 논문집(3권: 1976, 2010, 2011년), 요코하마 및 고베 차이나타운 내 화교단체, 화교인 경영 음식점 등 사진 100장을 수집하였다.

국내 재한화교 집거지 조사에서는 부산 초량 차이나타운에 거주하는 재한화교 4명에 대한 면접조사와 설문조사(125부)를 실시하였다. 조사 대상자는 한국에서 태어나 자란 화교 3-4세대를 중심으로 진행하였으며, 면담 대상자 모두 대만 국적 소유자로 선정하였다. 즉 중국 국적을 보유하고 한국에서 태어나고 자라면서 중국 전통 민속문화에 대한 경험과 한국에서 한국 전통문화에 대한 경험의 비교를 통하여 재한 화교·화인으로서 다중 정체성과 모국과의 연계성 그리고 한국 국적취득에 대한 재한 화교들의 민족정체성과 특성을 밝히고자 하였다. 부산 차이나타운 내 설문조사는 125부를 회수하였고 면접조사는 4명(곡신지 10대 여성, 곡야정 50대 남성, 의건주 50대 남성, 공헌부 50대 남성)이었다. 수집자료는 구술채록 음성파일 4건, 차이나타운 거리, 건물, 상징물, 화교 경영 음식점 등 사진자료 30건이었다.

셋째, 일계인팀은 제3차년도 '근·현대 해외 한인·화인·일계인의 집거지와 문화영토'라는 연구과제를 수행하기 위해서 문헌연구와 더불어 일본 도쿄 재일한인역사자료관, 요코하마 JICA 해외이주자료관 자료실, 가나가와 현 쓰루미 구 NPO법인 ABC저팬, 군마 현 오이즈미마치 다문화공생커뮤니티센터 등을 방문하여 현지조사를 실시하였다. 이번 조사 목적은 제3차년도 연구주제인 일계인 디아스포라 공동체가 잘 형성된 일계인 타운을 중심으로 문화영토의 관점에서 축제와 민속문화자원을 수집하여 민속학적으로 해석하는 작업을 수행하는 데 필요한 자료를 수집하는 데 있었다. 구체적으로 일계인들이 일본현지 이주지에서 디아스포라 공동체 문화를 어떻게 재현해 내고 있는지를 해석하는 데 필요한 자료를 수집하였다.

설문조사는 일본현지 군마 현 오이즈미마치 브라질리안 플라자 마쓰모토 기누에 사장의 협력으로 현지조사를 실시하여 총75부를 회수하였다. 면접조사는 가나가와 현 쓰루미구 국제교류라운지 사이타(중국조선족), 토미모토(NPO ABC저팬), 야마시타(구청 직원) 지역진흥과장보좌, NPO ABC저팬 하시모토, 일계인 음악가 오마가리, 일계브라질인 직업학교장 구와바라 마리아, 조치대학 일계인 연구자 야마구치 엘리사 교수 등 모두 8명을 면담하였고, 사진 300장, 일계인 관련 문헌자료 7건 등을 수집하였다.

국내 재한일본인에 대해서도 설문조사와 면접조사를 실시하였다. 설문조사는 서울, 부산, 광주 등 대도시 거주 재한일본인을 대상으로 실시하여 120부를 회수하였다. 재한일본인 문화적응 및 네트워크 관련 구술채록은 재한일본인(가네코, 마치다, 야마우치, 오쿠라, 와타나베, 가리베, 요시다, 히구치, 이소가이, 구마베, 쓰치마, 다나카, 후지노, 후지타 등) 총 18명을 면담하였다.

일본 현지조사의 연구성과는 설문조사 75부, 인터뷰조사 10명, 사진자료 300장 촬영, 참고문헌 단행본 7권 입수, 국내 현지조사에서는 서울과 부산 등지에 거주하고 있는 재한일본인 18명 인터뷰 조사, 설문조사 120부 회수, 재한일본인 관련 다수의 사진 및 참고자료 등을 수집하였다.

끝으로 연구단 총서가 발행되기까지 물심양면으로 도와주신 모든 분들에게 감사드린다. 먼저 중점연구사업의 일환으로 동북아 디아스포라 연구를 수행할 수 있도록 지원해주신 한국연구재단 관계자, 그리고 연구단이 주최한 각종 국내 및 국제 학술대회에 참석하여 연구성과에 대한 발표자 및 토론자로 유익한 조언을 해주신 국내외 디아스포라 전문가 및 학자, 연구단 홍보에 아낌없이 지원해주신 언론방송 관계자 여러분들께 진심으로 감사드린다. 또한 이른 아침부터 밤늦게까지 24시간 불철주야로 연구단의 불을 밝히고 연구에 전념해준 공동연구원, 연구교수, 그리고 대학원생 및 연구보조원들에게 감사드린다.

2015년 8월 용봉골에서

전남대학교 세계한상문화연구단장 임채완

추천사

글로벌시대 디아스포라는 모국과 거주국뿐만 아니라 국제사회를 연계하는 중요한 행위자로 인식되면서 모국의 영향력을 확대해 나가는 데 유용한 자원으로 활용되고 있습니다. 특히 디아스포라는 다문화적이고 다언어적인 특성을 갖고 있어 각 국가마다 이들과의 네트워크를 형성하여 정치 · 경제 · 문화적 영향력을 확장해 가는 데 힘을 쏟고 있습니다. 또한 학계에서도 디아스포라 잠재력에 대한 학문적 논의가 활성화되고 있습니다.

이러한 상황에서 국내외적으로 글로벌 디아스포라 연구의 선도적 역할을 수행하고 있는 전남대학교 세계한상문화연구단이 한국, 중국, 일본의 디아스포라들의 현지 집거지에서 꽃피운 전통 민속문화 생활과 다양한 축제문화를 조사하여 세 권의 연구 총서를 발간하게 된 것은 매우 뜻깊은 일입니다. 재외동포 업무를 주관하는 책임자로서 임채완 단장과 공동연구원, 연구교수, 그리고 연구보조원 여러분에게 진심으로 축하의 뜻을 전해드립니다.

『코리안 디아스포라의 혼종성과 문화영토』, 『화교 디아스포라의 혼종성과 문화영토』, 『일계인 디아스포라의 혼종성과 문화영토』 등으로 구성되어 있는 이번 총서는 근 · 현대 동북아 디아스포라(한인, 화인, 일계인)가 거주국사회에서 자신들의 고유한 문화와 거주국사회의 문화 간의 접촉과 교류를 통해 새롭게 형성되고 있는 다양한 문화를 고찰하고 있습니다.

동북아 디아스포라의 문화영토에 관한 이번 연구총서는 한국, 중국, 일본 등 세 국가의 디아스포라가 모국의 전통 민속문화와 생활풍습, 그리고 거주국사회의 전통 민속문화와 생활풍습을 지역사회에서 어떻게 재현하고 향유하는지에 대해 현지조사를 통해 상세히 기술하고 있다는 점에서 학문적 의의가 있다고 사료됩니다. 또한 거주국사회에서 개최되고 있는 디아스포라의 축제문화가 어떻게 이루어지고 있는지에 대해 다양한 사례를 제시하고 있어 디아스포라 연구의 기반을 확장시키는 데 기여할 것으로 보입니다.

이 총서는 현재 다문화시대로 진입한 한국사회에 많은 시사점을 제공하고 있습니다. 현재 우리 사회는 외국인 이주노동자, 결혼이주여성, 외국 국적 동포, 북한이탈주민들이 매년 증가하면서 서울특별시 영등포구 대림동, 경기도 안산시 뗏골마을, 광주광역시 광산구 월곡동 등 집거지를 형성하여 지역사회 구성원들과 다양한 형태의 문화생활을 경험하고 있습니다. 또한 이들은 지역사회에서 구성원들과 함께 다양한 축제 및 이벤트를 통해 문화적 이질감을 해소해 나가는 데 노력하고 있습니다. 그러나 우리 사회는 같은 민족이라 할 수 있는 외국 국적 동포 및 북한이탈주민, 나아가 외국인 노동자에 대한 심리적 거리감은 여전히 존재합니다. 이러한 맥락에서 이번에 발간된 세 권의 연구 총서는 이주민에 대한 우리 사회의 인식과 태도를 개선하는 데 많은 시사점을 제공할 것으로 생각됩니다.

마지막으로, 불철주야 고생한 끝에 생산된 이 연구 총서가 재외동포, 북한이탈주민, 외국인 이주노동자, 결혼이주여성 관련 정부기관 및 시민단체 등의 정책적 지원 방안 수립과 전문 연구자들의 학문적 탐구에 유용한 자료로 활용되기를 희망합니다.

2015년 8월

재외동포재단 이사장 조규형

서 문

전남대학교 세계한상문화연구단은 2010년 한국연구재단 대학중점연구소지원사업에 선정되어 "민족분산과 지구적 소통으로서 디아스포라 연구"를 주제로 총 3단계 9년에 걸쳐 연구 프로젝트를 수행하고 있다. 제1단계에서는 "동북아시아 민족분산과 문화영토" 라는 주제로 연구를 수행했으며, 이 총서는 제1단계 3차년도 연구주제인 "근·현대 해외한인의 문화영토"를 학문적으로 규명하는 데 초점을 두고 있다.

디아스포라는 전통적 의미에서 단순히 모국을 잃은 희생자로 인식하는 경향이 강했는데, 최근에 들어와서는 이산의 땅에서 다양한 문화적 충격과 경험을 통해 새로운 문화를 창조하는 에너지를 가지고 있는 존재로 새롭게 인식되고 있다. 즉 디아스포라는 거주국에서 자신의 고유한 문화와 거주국의 문화 간의 접촉과 교류를 통해 새로운 문화를 창조하는 행위자로 이해할 수 있다. 이러한 문제의식에서 이 총서는 새로운 정착지에서 코리안 디아스포라 공동체의 문화가 어떻게 향유되고 재현되는지를 탐구하는 데 목적이 있다.

이러한 연구목표를 달성하기 위해 우리는 조선족이 집중 거주하고 있는 중국 길림성 연변조선족자치주와 재일코리안이 집중 거주하고 있는 일본 오사카 미유키도오리를 방문하여 모국 및 거주국의 민속문화 생활과 축제문화, 그리고 한류(Korean wave) 관련 기초자료를 수집하고, 면접조사와 설문조사를 수행했다. 이 책은 이러한 현지조사에서 수집한 다양한 자료들을 분석한 결과물이다.

이 총서에서 다루고자 하는 연구내용은 크게 네 가지이다. 첫째, 이 책에서는 중국조선족과 재일코리안들이 이산의 땅에서 새로운 언어, 음식, 생활양식, 가치, 관습, 제도, 규범 등을 습득하고 적응하기 위해 어떠한 문화접변 전략을 구사하고 있는지 분석한다. 둘째, 중국조선족과 재일코리안들이 거주국 사회에서 자신들의 고유한 전통 민속문화와 생활풍습, 거주국의 전통 민속문화와 생활풍습을 어떻게 향유하고 있는지를 살펴본다. 셋째, 중국조선족과 재일코리안들이 거주국에서 생활하면서 갖게 되는 자기 민족에 대한 의식과 모국의 문화(음식, 노래, 언어, 생활양식)에 대한 향유 정도를 살펴보고, 집거지에서 이루어지고 있는 사회관계 및 생활 만족도를 조사한다. 넷째, 중국조선족과 재일코리안들의 축제가 집거지에서 어떻게 향유되고 있는지를 살펴보고, 모국의 문화인 한류를 어떻게 인식하고 있는지를 분석한다. 궁극적으로 이러한 작업은 코리안 디아스포라의 민속놀이와 축제에 내장된 문화정체성을 규명하는 데 일정한 기여를 할 것으로 생각한다.

이 총서의 2장에서 5장까지의 내용들은 연구자들이 전문학술지에 게재한 논문들을 기본으로 삼아 일부를 보완하여 삽입하였다. 이 총서에서 활용하고 있는 연구자들의 기존 논문은 다음과 같다.

선봉규 · 김나경. "중국 연변조선족의 문화변용전략 양상 연구: 연길시 거주 조선족을 대상으로". 『평화학연구』 제14권 5호(2013); 임채완 · 선봉규. "과계민족으로서 중국조선족 민족정체성과 문화변용 상관성 연구". 『세계지역연구논총』 제31집 3호(2013); 지충남. "재일동포와 원코리아 페스티벌: 통일과 공생의 기제". 『OUGHTOPIA』 제28권 1호, 2013; 선봉규. "한

민족 디아스포라의 문화변용 연구: 중국조선족과 재일코리안을 중심으로". 『민족문화논총』 제56집(2014); 선봉규. "중국 연변조선족의 9 · 3절 기념축제의 콘텐츠와 정체성 연구". 『평화학연구』 제15권 3호(2014); 임채완 · 선봉규. "디아스포라적 문화접변과 동반성장에 관한 연구: 일본 오사카지역 재일코리안을 중심으로". 『민족연구』 제60집(2014); 선봉규. "중국조선족과 재일코리안의 한류(Korean Wave) 인식에 관한 연구". 『한국동북아논총』 제19집 제4호(2014) 등이다.

이 총서는 기본적으로 중국과 일본 현지에서 수집된 자료들을 토대로 하고 있기 때문에 바쁜 생활 속에서도 심층 인터뷰와 참여관찰, 그리고 설문조사를 할 수 있도록 배려해 준 중국 연변 지역에 거주하고 있는 조선족, 일본 오사카 지역에 거주하고 있는 재일코리안, 그리고 현지 협력기관 관계자들에게 깊은 감사를 표한다. 또한 현지조사에서 수집한 많은 자료들을 정리하고 도움을 준 연구보조원들에게도 고마움을 전한다. 마지막으로 이 총서가 나오는 데 협력해 준 북코리아 이찬규 사장님과 편집진 여러분께도 깊은 감사를 드린다.

2015년 12월

공동저자 일동

차 례

표 차례

그림 차례

사진 차례

제1장 머리말

1. 연구의 목적 및 내용

코헨(Cohen)은 디아스포라를 모국을 잃은 희생자(victims)에서 새로운 시각과 창조력을 지닌 '도전자'로 재인식해야 한다고 주장한다. 즉, 유대인들은 모국이 아닌 바빌론에서 도전적이고 다원적 상황의 경험을 '새로운 창조적 에너지(a new creative energy)'로 발전시켰다는 것이다.[1] 코헨의 이러한 주장은 디아스포라가 더 이상 모국을 잃은 비극적인 실향민이 아니라, 다양한 경험을 통해 새로운 문화를 창조하거나 모국 및 거주국의 성장에 기여하는 적극적인 주체로 인식해야 한다는 것이다.[2] 이러한 맥락에서 디아스포라는 거주국 사회에서 자신들의 고유한 문화와 거주국 사회의 문화 간의 접촉, 교류를 통해서 새로운 문화를 창조하는 행위자로 이해할 수 있다.

이러한 문제의식에서 이 책의 목적은 코리안 디아스포라의 문화영토를 탐구하는 것이다. 즉 코리안 디아스포라의 집거지에서 이루어지고 있는 전통 민속문화 생활과 다양한 축제 문화를 분석하는 것이다. 그리하여 이산의 땅에서 코리안 디아스포라 공동체의 문화가 어떻게 집단적으로 향유되고 재현되는지를 규명하고자 한다.

이 책에서 다루고자 하는 연구내용은 크게 네 가지로 나눌 수 있다.

첫째, 코리안 디아스포라가 이산의 땅에서 새로운 사회의 문화와 가치를 습득하고 새롭게 적응하기 위한 문화접변 전략이 어떻게 구현되고 있는지를 분석할 것이다. 디아스포라들은 새로운 정착지에서 소수 이주민으로서 근원적으로 문화적 배경(언어, 음식, 생활양식, 관습, 제도 등)이 다른 사회에서 새롭게 적응해야 하는 과제에 직면하게 된다. 이 책에서는 베리(Berry)의

1 임채완·선봉규. "디아스포라적 문화접변과 동반성장에 관한 연구: 일본 오사카지역 재일코리안을 중심으로". 『민족연구』 제60호. p. 134.

2 이승호 외. 2013. "공간에서 장소로: 외로운 런던사람들의 런던 지도 다시 그리기". 『영미연구』 29. p. 211.

문화접변 개념과 배리(Barry)의 문화접변 척도를 원용하여 코리안 디아스포라의 문화접변 전략을 규명하고자 한다.

둘째, 코리안 디아스포라의 전통 민속문화와 생활풍습이 거주국 사회에서 어떻게 향유되고 재현되는지를 살펴보고자 한다. 특히 여기에서는 코리안 디아스포라의 전통 민속놀이 및 문화뿐만 아니라 거주국 사회의 전통 민속문화와 생활풍습도 어떻게 향유되고 있는지를 살필 것이다. 이러한 분석을 통해 거주국 사회에서 코리안 디아스포라의 문화정체성이 어떻게 구성되고 변화되는지를 해석할 것이다.

셋째, 코리안 디아스포라의 민족의식과 한민족 문화에 대한 이해, 그리고 거주국 사회에서 이루어지고 있는 사회단체 활동 양상과 거주국 정부의 지원 정책 등 거주국에서의 생활 만족도를 설문조사를 통해 살펴볼 것이다.

넷째, 코리안 디아스포라가 낯선 사회에서 겪는 문화적 적응과정과 경험, 그리고 새로운 문화영토를 구축해가는 과정에서 기억되고 새로 창조된 민속과 놀이로서의 축제문화를 살펴볼 것이다. 디아스포라의 축제에 관한 연구는 축제가 생산하는 삶의 양식과 시간을 초월해 지속되는 과거로부터의 변하지 않은 이야기 요소들을 발견할 수 있다는 장점을 가지고 있다.

디아스포라에게 축제는 탈영토화된 디아스포라 위치에서 갖는 모국 및 고향에 대한 향수의 표출이 되며, 거주국의 문화적 경계를 딛고 함께 어울리고자 하는 공동체적 유희의 장이 된다. 낯선 땅의 경계를 넘어 정착하면서 고달프게 살아온 이들에게 민속과 축제는 형애화된 제의적 전통이 아니라 상상력과 생명력을 지닌 놀이문화로서 재현되는 것이다. 이 책에서는 코리안 디아스포라의 축제 콘텐츠를 분석하여 문화적 정체성의 특징을 규명하고자 한다. 아울러 코리안 디아스포라의 집거지에서 향유되고 있는 한류(Korean Wave)에 대해 어떻게 인식하고 있는지를 살펴볼 것이다.

2. 연구의 대상 및 방법

1) 연구대상

이 책에서 다루고자 하는 연구대상은 중국 길림성 연변조선족자치주에 거주하고 있는 조선족, 일본 도쿄와 오사카에 거주하고 있는 재일코리안들이다. 특히 이들의 집거지에서 이루어지고 있는 전통 민속문화와 생활풍습, 축제문화와 한류에 대해 살펴볼 것이다. 이 책의 주요 연구대상은 〈표 1.1〉과 같다.

표 1.1 주요 연구대상

구분	연구 대상
중국 조선족	• 길림성 연변조선족자치주 연길시 • 연변지역 내 조선족의 전통 민속놀이 · 문화 / 거주국의 전통 민속놀이 및 문화 / 축제 / 한류
재일코리안	• 오사카 이쿠노쿠 미유키도오리, 도쿄 신주쿠쿠 신오쿠보 • 오사카 및 도쿄지역 내 재일코리안의 전통 민속놀이 · 문화 / 거주국의 전통 민속놀이 · 문화 / 축제 / 한류

특히 이 책에서는 중국조선족과 재일코리안의 문화접변전략, 전통 민속문화 및 생활풍습, 축제 및 한류 인식 등을 살펴보기 위해 설문조사를 실시했다. 설문조사 대상자의 인구사회학적 특성을 살펴보면 아래와 같다.

(1) 중국조선족

이 책에서는 연변조선족자치주의 주도인 연길시에 거주하고 있는 조선족들을 대상으로 설문조사를 실시했다. 설문조사는 2013년 2월 14일부터 24일까지 진행하였으며, 총 172부를 수집하여 분석하였다. 조사대상자의 인구사회학적 특성을 살펴보면 〈표 1.2〉와 같다. 성별을 보면, 여성이

56.4%(97명)으로 남성(43.6%, 75명)에 비해 많았다. 이는 현재 연길시의 인구 구성과 유사한 특성을 보여준다. 연령을 보면, 40대 조선족이 29.7%로 가장 많았으며, 30대(22.7%), 50대(19.8%), 60대(17.4%), 20대(10.5%) 순이었다. 학력을 보면, 고등학교를 졸업한 사람이 35.5%로 가장 많았으며, 4년제 대학이 20.3%, 중학교와 전문대학 졸업자가 각각 13.4%, 대학원 졸업자가 12.2%, 초등학교 졸업자가 3.5%, 무학이 1.7%로 나타났다. 세대별로는 3세가 36.0%로 가장 많았으며, 2세가 32.0%, 4세가 26.2%, 5세가 5.2%, 1세가 0.6%로 나타났다. 출생지를 보면, 연길 출신이 24.4%이며, 연길 이외의 기타지역이 75.6%를 차지한 것으로 나타났다. 결혼여부를 보면, 기혼자가 81.4%이며, 미혼자는 18.6%이었다.

직업을 보면, 사무전문직이 38.9%로 가장 많았으며, 가사노동이 16.9%, 자영업이 12.8%, 기타(무직, 퇴직) 12.2%, 대학생이 7.0%, 건설노무가 6.4%, 판매서비스업이 5.8% 등으로 나타났다. 소득을 보면, 10만 위안(한화 약 1천 8백만원) 미만이 79.1%로 가장 많았으며, 10만 위안 이상이 20.9%로 나타났다. 연변자치주의 주도인 연길시로 이주한 시기를 보면, 2000년대의 이주가 37.8%로 가장 많았으며, 1990년대가 31.4%, 1980년대가 14.0%, 1970년대가 8.1% 순으로 나타났다. 이러한 사실은 중국의 개혁개방 시기 농촌지역에서 대도시지역으로의 이주가 활발히 이루어졌음을 이해할 수 있다. 조사대상자의 출생지를 보면, 연길 출신(42명)보다는 기타 지역 출신이 130명으로 전체의 75.6%를 차지했다.

연길시로 이주한 동기를 보면, 현지출생(42명)을 제외하고 가족동반이 25.0%로 가장 많고, 취업 및 직장이 22.1%, 가족이나 자녀교육이 16.3%, 결혼이 7.0% 순으로 나타났다. 연길시 체류기간은 20년 이하가 65명(37.8%)으로 가장 많았으며, 10년 이하 38명(22.1%), 30년 이하 33명(19.2%), 40년 이하 15명(8.7%), 50년 이하 11명(6.4%), 51년 이상 10명(5.8%)으로 나타났다.

표 1.2 중국조선족 조사대상자의 인구사회학적 특성(N=172)

특성		N (명)	백분율 (%)
성별	남성	75	43.6
	여성	97	56.4
연령	20대	18	10.5
	30대	39	22.7
	40대	51	29.7
	50대	34	19.8
	60대 이상	30	17.4
학력	초등학교	6	3.5
	중학교	23	13.4
	고등학교	61	35.5
	전문대학	23	13.4
	4년제대학	35	20.3
	대학원	21	12.2
	무학	3	1.7
세대	1세	1	0.6
	2세	55	32.0
	3세	62	36.0
	4세	45	26.2
	5세	9	5.2
직업	대학생	12	7.0
	자영업	22	12.8
	판매서비스	10	5.8
	건설노무	11	6.4
	사무전문	67	38.9
	가사노동	29	16.9
	기타	21	12.2
결혼 여부	기혼	140	81.4
	미혼	32	18.6

특성		N (명)	백분율 (%)
소득	10만 위안 미만	136	79.1
	10만 위안 이상	36	20.9
이주 시기	1960년대 이전	15	8.7
	1970년대	14	8.1
	1980년대	24	14.0
	1990년대	54	31.4
	2000년대	65	37.8
이주 동기	가족 동반	43	25.0
	교육	28	16.3
	취업 및 직장	38	22.1
	결혼	12	7.0
	현지 출생	42	24.4
	기타	9	5.2
출생지	연길	42	24.4
	기타	130	75.6
체류 기간	10년 이하	38	22.1
	20년 이하	65	37.8
	30년 이하	33	19.2
	40년 이하	15	8.7
	50년 이하	11	6.4
	51년 이상	10	5.8

이러한 사실은 연길시로의 이주가 1980년대 이후(136명, 79.1%)에 본격적으로 이루어진 것으로 확인할 수 있다. 요컨대, 연변지역 조선족의 연길시로의 이주 현상은 1980년대 개혁개방 이후 조선족의 인구 이동이 연안지역이나 대도시지역으로 집중화되는 경향을 반영하는 것으로 이해된다.

(2) 재일코리안

이 책에서는 일본 도쿄에 거주하고 있는 재일코리안들을 대상으로 설문조사를 실시했다. 설문조사는 2014년 2월 25일부터 3월 30일까지 진행하였으며, 총 100부를 수집하여 분석하였다. 조사대상자의 인구사회학적 특성을 살펴보면 〈표 1.3〉과 같다.

성별을 보면, 남성이 67명(68.4%)으로 여성 31명(31.6%)에 비해 많았다. 연령을 보면, 40대가 33명(33.7%)으로 가장 많았으며, 20대가 29명(29.6%), 30대가 27명(27.5%), 50대가 9명(9.2%) 순이었다. 학력을 보면, 4년제대학이 52명(53.1%)으로 가장 많았으며, 대학원이 26명(26.5%), 전문대학이 11명(11.2%), 고등학교가 9명(9.2%)으로 나타났다. 결혼여부를 보면, 미혼자가 52명(53.1%), 기혼자가 44명(44.9%), 이혼이 2명(2.0%)이었다. 직업을 보면, 사무전문직이 34명(34.7%)으로 가장 많았으며, 대학생이 22명(22.4%), 자영업자가 21명(21.4%), 판매서비스업이 18명(18.3%), 건설노무직이 2명(2.0%), 가사노동이 1명(1.0%) 순이었다. 이주동기를 보면, 취업 및 직장이 45명(45.9%)으로 가장 많았고, 현지 출생이 30명(30.6%), 교육이 18명(18.3%), 결혼이 3명(3.0%), 가족 동반이 2명(2.0%) 순이었다. 현지에서 체류기간을 보면, 10년 이하가 42명(42.8%)으로 가장 많았으며, 20년 이하가 21명(21.4%), 40년 이하가 13명(13.2%), 30년 이하가 9명(9.2%), 50년 이하가 8명(8.1%), 51년 이상이 5명(5.1%) 순으로 나타났다.

표 1.3 재일코리안 조사대상자의 인구사회학적 특성(N=98)

특성		N (명)	백분율 (%)
성별	남성	67	68.4
	여성	31	31.6
연령	20대	29	29.6
	30대	27	27.5
	40대	33	33.7
	50대	9	9.2
	60대 이상	-	
교육	초등학교	-	
	중학교	-	
	고등학교	9	9.2
	전문대학	11	11.2
	4년제대학	52	53.1
	대학원	26	26.5
	무학	-	
결혼	기혼	44	44.9
	미혼	52	53.1
	이혼	2	2.0

특성		N (명)	백분율 (%)
직업	대학생	22	22.4
	자영업	21	21.4
	판매서비스	18	18.3
	건설노무	2	2.0
	사무전문	34	34.7
	가사노동	1	1.0
	무직	-	
이주 동기	가족 동반	2	2.0
	교육	18	18.3
	취업 및 직장	45	45.9
	결혼	3	3.0
	현지 출생	30	30.6
	기타	-	
체류 기간	10년 이하	42	42.8
	20년 이하	21	21.4
	30년 이하	9	9.2
	40년 이하	13	13.2
	50년 이하	8	8.1
	51년 이상	5	5.1

2) 연구방법

이 책의 연구목적을 달성하기 위해 이 책에서 활용된 연구방법을 제시하면 다음과 같다.

첫째, 문헌연구이다. 중국조선족과 재일코리안의 전통 민속 문화 및 놀이, 축제에 대한 도서, 논문, 사진 등을 수집 · 발굴하여 코리안 디아스포라의 문화영토의 특성을 규명하는 데 기초자료로 활용하고자 한다.

둘째, 현지조사연구이다. 중국 연변조선족자치주에 대한 현지조사는 2013년 2월 18일부터 25일까지 연길, 도문, 용정을 방문하여 조선족의 마을, 박물관 및 민속원 등에서 민속문화 관련 자료를 수집하였다. 일본 오사카 현지조사는 2014년 4월 17일부터 23일까지 오사카 미유키도오리, 츠루하시, 이마자토 등 집거지역을 방문하여 관련 자료를 수집하였다.

셋째, 구술사(oral history)연구이다. 중국조선족과 재일코리안들이 집거지에서 향유하고 있는 전통 민속문화 및 놀이, 축제 등에 대해 조사하였다.

이 책은 근 · 현대시기 코리안 디아스포라의 문화영토의 특성을 규명하기 위해 전통 민속문화 및 놀이, 축제가 어떻게 향유되고 있는지를 살펴보고, 거주국 사회에서 코리안 디아스포라의 문화접변 전략이 어떻게 구현되고 있는지를 중심으로 정리하였다. 이 책은 총 다섯 개의 장으로 구성되어 있다.

제1장은 이 책의 목적과 연구내용, 그리고 연구대상과 연구방법에 대해 상세히 기술하였다.

제2장은 코리안 디아스포라의 문화영토를 연구하기에 앞서 디아스포라와 문화접변, 민속문화 및 축제에 관한 이론적 내용을 간략히 검토하였다.

제3장은 중국 길림성 연변조선족자치주에 거주하고 있는 조선족을 대상으로 문화접변 전략이 어떻게 나타나고 있는지, 모국과 거주국의 민속문화 및 놀이의 향유 실태, 그리고 연변조선족자치주에서 개최되고 있는 다양한 축제문화와 한류에 대한 인식을 기술하였다.

제4장은 일본 도쿄와 오사카에 거주하고 있는 재일코리안을 대상으로 문화접변 전략이 어떻게 나타나고 있는지, 모국과 거주국의 민속문화 및 놀이의 향유 실태, 그리고 오사카 이쿠노쿠에서 개최되고 있는 다양한 축제문화와 한류에 대한 인식을 살펴보았다.

제5장은 중국조선족과 재일코리안의 문화접변 전략, 전통 민속문화

및 놀이, 그리고 축제문화와 한류 인식에 대한 연구결과를 요약하고, 이 책의 한계와 향후 연구과제에 대하여 간략히 서술하였다.

제2장 이론적 고찰

1. 문화접변[1]

1) 개념

문화접변(acculturation)이란 서로 배경이 다른 문화들이 접촉함에 따라 나타나는 문화적 · 심리적 변화의 과정이다. 이러한 문화접변에 관한 연구를 살펴보면, 시기별로 대상 또는 방향성에 따라 문화변용에 대한 정의 및 모델이 변화하였음을 알 수 있다. 여기서 대상은 집단적 차원과 개인적 차원으로 구분되며, 방향성은 일차원적 관점과 이차원적 관점으로 구분할 수 있다. 이를 구체적으로 살펴보면 다음과 같다.

초기의 문화접변에 관한 연구는 인류학을 중심으로 집단적 차원에서 그리고 일차원적 관점을 통해 이루어졌다. 대표적으로 레드필드와 동료들(Redfield, Linton &. Herskovits)은 문화접변에 대한 개념을 "다른 문화를 가지고 있는 사람들이 지속적으로 직접적인 접촉을 하게 되면서 이후, 기존의 문화가 변화되는 현상"으로 정의하였으며, 문화접변의 한 단계로 동화(assimilation)의 관점을 제시하였다.[2] 고든(Gordon)에 따르면, 문화접변과 동화라는 이 두 개의 용어는 종종 같은 의미로 사용되어 왔는데,[3] 이는 이민자가 문화접변을 일방적으로 수용하고 있는 것으로 보는 즉, 일차원적 관점에서만 문화접변을 의미하는 것으로 정의되었다.[4] 이처럼 일차원적 관점 또는 단일차원모델에서 문화접변은 주류 사회와 접촉하고 주류 사회 문화에 동화될수록 개인의 고유한 민족적 정체성이 점차적으로 상실되는 것으

---

1 문화접변에 관한 이하의 내용은 선봉규 · 김나경, "중국 연변조선족의 문화변용전략 양상 연구: 연길시 거주 조선족을 대상으로", 『평화학연구』 제14권 5호(2013), pp. 280-285의 자료를 인용함.

2 Redfield, R. Linton, R., & Herskovits, M. J, "Memorandum for the study of acculturation", ***American Anthropologist***, vol. 38(1936), p. 149.

3 Gordon, M, ***Assimilation in American life: The role of race, religion, and national origins***(New York: Oxford University Press, 1964); 박정의 · 성지연(2012), p. 10 재인용.

4 임선일, 『한국사회 이주노동자의 문화변용』(파주: 한국학술정보, 2011), p. 74.

로 설명된다.

이후, 심리학을 중심으로 문화접변에 대한 연구가 활발해짐에 따라 집단적 차원의 문화접변뿐만 아니라 개인적 차원에서의 문화접변에 대한 분석이 시도되었다. 집단적 차원에서의 문화접변이 사회 구조 및 제도와 문화적 실천에서의 변화와 연관되어 있다면, 개인적 차원에서의 문화접변은 개인적인 행동 선상에서 나타나는 변화와 연관되어 있다. 이에, 베리는 문화접변을 개인적 차원(심리적 문화접변)과 집단적 차원(문화적 문화접변)이 동시에 나타나는 이원적인 과정으로 정의하였다.[5] 아울러, 동화와 같은 의미로 쓰였던 일차원적 관점의 문화접변에 대한 한계로 이차원적인 문화접변에 대한 중요성이 대두되었다. 이차원적 관점 또는 이중차원모델은 이주민이 고유의 문화와 주류사회 문화 간 접촉에 있어 고유한 자신의 정체성을 유지하려 하며,[6] 동시에 주류사회에 대한 적응이 나타나는 것으로 설명된다.[7] 이와 같이 문화접변은 초기의 집단적 차원에서 개인적 차원을 동시에 살펴보는 것으로 변화하였으며, 방향성은 문화접변이 고유문화에서 주류문화로 편입되는 과정으로만 보는 일차원적 관점에서 고유문화와 주류문화가 동시에 작용하고 있다는 이차원적 관점으로 변화하였음을 알 수 있다.

한편, 문화접변의 요소로는 크게 정서적(Affective) 관점, 행동적(Behavioral) 관점, 인지적(Cognitive) 관점으로 구분할 수 있다.[8] 이는 문화접변과정에서

---

5 Berry, J. W., "Acculturation: Living successfully in two cultures", *International Journal of Intercultural Relations,* vol. 29(2005), pp. 698-699.

6 Ngo, Van Hieu, "A critical examination of acculturation theories", 2008(http://www1.uwi ndsor.ca, 검색일: 2013.9.25.).

7 이외에도 다차원적모델이 있는데, 이는 문화변용 과정에서 하나의 항목으로 측정될 수 있는 것이 아니라 언어, 음식, 대중매체 이용, 친구 및 사회적 관계, 민족적 정체성 등과 같은 다양한 측면들을 포함하는 것으로 이해한다. 김연수, "여성결혼이민자 문화적응척도 개발 연구", 『女性硏究』 제81집 2호(2011), p. 108 재인용.

8 Smith, R. A., & Khawaja, N. G., "A review of the acculturation experiences of international students", *International Journal of International Relations,* vol. 35(2011), p. 701.

핵심적인 영향을 미치는 것으로 "ABCs 모델"이라고도 하며 스트레스 대처 이론, 문화학습 접근, 그리고 사회적 정체성 이론과 연결된다. 우선, 정서적 관점은 심리적 안녕 및 삶의 만족을 중심으로 문화접변적 스트레스 요소에 해당된다. 즉, 문화접변의 경험에서 비롯된 스트레스 반응으로 나이, 성별, 그리고 사회적 지지 등에 영향을 받는다. 다음으로, 행동적 관점은 문화학습 접근법으로 상호문화 간의 의사소통방식에 대한 이해를 수반하는 것이다. 이는 언어적 · 비언어적 요소뿐만 아니라 규칙이나 규약, 규범 등을 포함한다. 마지막으로 인지적 관점은 사회적 정체성 이론과 연관되며, 이는 개인 스스로 자신이 속한 집단(ingroup)에 대한 정보와 다른 집단(outgroups)에 대한 정보를 처리하는 것이다.[9] 이러한 요소를 바탕으로 문화접변에 대한 다양한 분석틀이 제시되었는데,[10] 이를 종합하여 베리는 '모국의 문화적 정체성과 특성을 유지할 것인가'와 '주류 사회와 관계를 유지할 것인가'라는 두 가지 기준에 따라 통합(integration), 동화(assimilation), 분리(separation), 주변화(marginalization) 등 네 가지 문화접변 전략을 제시하였다.[11]

2) 베리의 문화접변 전략

주지하다시피 문화접변이란 사회적 상호관계에 있어 개인 또는 집단이 다른 문화에 적응해 가면서 의사소통하는 대응 방식이다. 또한 문화접

9 Sam, D. L., & Berry, J. W., "Acculturation: When Individuals and Groups of Different Cultural Backgrounds Meet", *Perspectives on Psychological Science,* vol. 5, no. 4(2010), pp. 474-475.

10 사프다 외의 다차원적 개인차의 문화변용모델(Multidimensional individual difference acculturation Model: MIDA), 보리스 외의 상호문화변용모델(Interactive acculturation model: IAM), 그 외에도 문화변용의 일치모델(Concordance model of acculturation: CMA)과 상대적 문화변용 확장 모델(Relative acculturation extended model: RAEM) 등이 있다. Smith & Khawaja, Smith, R. A., & Khawaja, N. G, "A review of the acculturation experiences of international students", *International Journal of International Relations,* vol. 35(2011), p. 701.

11 Berry(1997), p. 10.

표 2.1 베리의 문화접변 전략 유형

		모국의 문화적 정체성과 특성을 유지할 것인가	
		그렇다	그렇지 않다
주류사회와 관계를 유지할 것인가	그렇다	통합 (Integration)	동화 (Assimilation)
	그렇지 않다	분리 (Separation)	주변화 (Marginalization)

주 : Berry, J. W(1997), "Immigration, acculturation and adaptation", *Applied Psychology: An International Review*, vol.46, p. 10.

변은 단일차원의 구조가 아닌 보다 다차원적 구조로 표현할 수 있다. 이에 따라 베리는 다원주의 사회의 이주민일 경우 통합, 동화, 분리, 주변화와 같은 문화접변 전략을 취한다고 주장하였다.[12] 이 네 가지의 문화접변 전략 유형을 구체적으로 살펴보면 〈표 2.1〉과 같다.

통합 유형은 주류사회에 적극적으로 참여하고 긍정적인 관계를 유지하면서 동시에 자신의 고유문화(culture of origin)의 문화적 정체성 및 전통을 유지하는 전략으로서, 이중문화적 정체성을 설명할 수 있는 유형이다. 이 유형은 소수민족 출신 이주자의 정치적 평등과 국가적 화합, 그리고 긍정적인 현지사회 정착에 매우 적합한 문화변용 유형으로 베리를 비롯한 많은 학자들에 의해 가장 선호되어 왔다.[13] 동화 유형은 이주민이 자신의 고유문화와 전통, 그리고 문화적 정체성보다 새로운 주류사회와 상호작용을 추구하는 전략이다. 즉 자신의 정체성을 잃고 주류사회의 문화에 완전히 흡수되는 것으로, 서로 다른 집단들이 모두 하나의 융합 도가니에서 합쳐지고 섞여서 새로운 하나의 존재가 되는 것을 의미한다.[14] 이러한 동화 유

12 Berry(1997), p. 9.

13 박정의 · 성지연(2012), p. 11.

14 권복순 · 차보현, "농촌지역 코시안 가정주부의 의사소통능력, 문화적 정체성이 결혼만족도에 미치

형은 이주민 1세대보다는 이주민의 자녀들에게 높게 나타나는 경향이 있다. 분리 유형은 외부세계와 거주국 사회와의 관계가 없는 상태로 자신의 고유전통이나 문화적 정체성만을 유지하면서 주류사회와 분리되는 것이다. 주변화 유형은 자신의 고유 전통 문화 유지에 관심이 없을 뿐만 아니라 주류사회와의 관계에도 관심이나 가능성이 없는 것을 의미한다. 이 유형은 거주국에서의 인종차별을 경험한 이주민들에게 나타나는 경향이 있다.

비록 베리의 문화접변 전략이 정해져 있거나 그 자체로서 결과가 나타난다고는 단정할 수는 없다. 즉, 이 네 가지 전략은 상황적 변수에 따라 변화 가능하다는 것이다.[15] 그러나 베리의 문화접변 전략은 새로운 문화에 대한 인간의 대처 전략이라는 특징을 가지고 있으며, 기존의 일차원적 관점의 문화접변 연구에 비해 보다 포괄적이고 다양한 내용을 제공해준다는 점에서 유용한 방법이라 할 수 있다.[16] 이에, 이주민의 문화접변을 연구하는 많은 연구자들로부터 큰 호평을 받았으며, 이후 후속연구들을 통해서 문화접변을 설명하는 이론으로 가장 빈번히 사용되고 있다.[17]

3) 문화접변 측정지수

배리는 동아시아 이주민의 다차원적인 문화접변 성향을 측정하기 위하여 EAAM(The East Asian Acculturation Measure)을 개발하였다. 배리는 '언어 및 음악의 선호', '사회적 상호관계의 태도 및 행동', '의사소통 방식' 등의 내용을 중심으로 베리의 네 가지 유형에 맞는 각각의 하위척도를 개발하였

는 영향", 『한국사회복지학』 제58집 3호(2006), p. 296.

15 Sam D. L., & Berry J. W.(2010), "Acculturation: When Individuals and Groups of Different Cultural Backgrounds Meet," *Perspectives on Psychological Science*, Vol. 5, http://pps.sagepub.com/content/5/4/472(검색일: 2013.12.18).

16 박정의·성지연(2012), p. 12.

17 김연수(2011), p. 108.

다.[18] 이 문화변용척도는 총 29개 항목으로 구성되어 있다.

이 책에서는 중국조선족과 재일코리안의 문화접변 전략의 양상 및 특성을 분석하기 위해 배리의 '동아시아계문화변용척도(EAAM)'를 이용하여 측정했다. 이 책에서는 연변조선족과 재일코리안을 대상으로 하기 때문에 이에 맞게 하위척도를 재구성하여 활용했다. 동화유형의 하위척도는 8개 항목, 분리유형의 하위척도는 7개 항목, 통합유형의 하위척도는 5개 항목, 주변화유형의 하위척도는 9개 항목으로 구성되어 있다. 이 척도의 구체적인 지수는 〈표 2.2〉와 같다.

표 2.2 EAAM 측정 지수

유형	문화접변 척도
동화	중국어(일본어)로 글쓰기를 더 잘한다
	집에서 주로 중국어(일본어)를 사용한다
	시를 쓴다면 중국어(일본어)로 쓰는 것을 더 좋아한다
	조선족(재일코리안)들보다 한족(일본인)들과 더 잘 어울린다
	조선족(재일코리안)들보다 한족(일본인)들이 나를 잘 이해하는 것 같다
	조선족(재일코리안)들보다 한족(일본인)들에게 내 감정을 잘 전달할 수 있다
	조선족(재일코리안)들보다 한족(일본인)들과 교제하는 것이 더 편하다
	직장이나 학교에서 내 친구의 대부분은 한족(일본인)들이다

18 배리의 이 척도는 그동안 아시아계 미국인들의 문화변용 정도를 측정하는 데 널리 사용된 Suinn-Lew Asian Self-Identity Acculturation Scale(SL-ASIA)이나 캐나다에 거주하고 있는 중국인이나 한국인의 문화변용을 분석한 베리의 문화변용척도의 문제점을 보완하여 개발되었다. 배리는 SL-ASIA가 단일차원에서 이주민의 문화변용 패턴을 분석하기 때문에 문화변용의 행태와 상황 등을 구체적으로 설명하지 못한 것으로 평가하였고, 베리의 문화변용 척도에 대해서는 이주민의 의사소통 대응 방식을 충분히 평가하지 못할 뿐만 아니라 측정 지표 중 많은 부분에서 명백한 기준을 제시하지 못한 것으로 평가하고 있다. Barry, D. T, "Development of a New Scale for Measuring Acculturation: The East Asian Acculturation Measure(EAAM)", *Journal of Immigrant Health,* vol. 3, no. 4, 2001, p. 194.

유형	문화접변 척도
분리	주로 한민족 음악을 듣는다
	친한 친구들은 조선족(재일코리안)들이다
	조선족(재일코리안)들이 구성원인 사교모임에 가기를 좋아한다
	조선족(재일코리안)들이 더 평등하게 대해 준다고 느낀다
	조선족(재일코리안)들과 만나는 것을 더 좋아한다
	조선족(재일코리안)들과 함께 있을 때 편안하다
	조선족(재일코리안)들이 한민족 이외의 사람들과 만나서는 안 된다고 생각한다
통합	두 가지 언어로 농담을 다 할 수 있다
	조선어로 생각한 것처럼 중국어(일본어)로도 생각할 수 있다
	조선족(재일코리안)뿐만 아니라 현지인 친구가 있다
	모든 사람들이 나를 소중히 여긴다고 느낀다
	내 주변의 모든 사람들에게 편안함을 느낀다
주변화	누군가와 교제하는 것이 어렵다
	가끔 모든 사람들이 나를 좋아하지 않는다고 느낀다
	아무도 나를 이해하지 않는다고 생각할 때가 자주 있다
	가끔 모든 사람들과 소통하는 것이 어렵다
	가끔 친구 사귀기가 어렵다는 것을 알았다
	가끔 모든 사람들이 나를 인정해주지 않는다고 생각한다
	가끔 모든 사람들을 신뢰하기 어렵다
	종종 모든 사람들이 나를 이해하기 어렵다고 생각한다
	다른 사람들과 함께 있을 때 편안함을 느끼지 못한다

출처: Barry(2001), p. 195.

2. 민속문화와 축제

코리안 디아스포라들은 문화생활을 통하여 민족정체성과 민족문화를 유지하고 거주국의 소수민족으로 생활하고 있다. 그러나 거주지역의 조건과 상황에 따라 정체성의 인식이 달라지며, 한민족의 정체성을 유지하기 위한 문화의 강조점 또한 다르다. 중국조선족은 소수민족자치 정책에 따라 민족학교를 통해 언어를 유지하면서 민족의식과 정체성을 강화하고 있다. 중앙아시아 고려인은 '음식'으로 민족정체성을 유지하고 있으며,[19] 재일코리안은 '가정에서 지내는 제사'[20]를 통해서 정체성을 확인하고 있었다. 또 다른 방법은 집단이 참여하는 축제를 통해 이를 확인할 수도 있다. 중국조선족은 대표적으로 연변조선족자치주 성립을 기념하기 위해 매년 개최되는 9 · 3절 기념 축제와 연변 4계절 관광브랜드 축제, 민속문화 축제, 지역특색 축제 등을 통해서 조선족의 민족문화를 공유하고 있다. 재일코리안은 이쿠노(生野) 민족문화제, 원코리아 페스티벌, 오사카 이쿠노쿠 코리아타운 공생축제, 고베 나가타 마당, 후쿠오카 3 · 1 문화제 등에 참여하여 민족문화를 접하고 있다.

축제는 모든 인간들이 겪는 인생 의례의 축약판이다. 즉 생사의 순환 속에 놓여 있고, 자연과 사회, 조상과 자손들의 관계에 있어 연결망을 이끌어 주는 중심에 놓여 있다. 그렇다면 축제란 무엇인가. 축제는 "종교적 제의나 풍요로움을 기원하면서 감사드리는 마음을 담은 의식행위로 제사나 경축하는 행사"를 뜻하였다.[21] 또한 축제는 "인간의 사회적 행동 욕구의 수단으로서 유희적인 본능을 즐기려는 것"이다.[22] 따라서 축제는 인간에게 내재되어 있는 유희적 본성이 문화적으로 표현되어 발산되었으며,[23] 축제의 일부분으로 행해지고 있는 놀이는 비일상적 · 비생산적인 것이었지만, 사람들의 일상생활과 생산을 위해 필요불가결한 것으로 자리하고 있었다.

---

19 중앙아시아 고려인의 문화생활은 김게르만(1995, 201-251); 임영상(2009, 5-46) 참조.

20 재일동포 가정에서 지내고 있는 '제사'의 수용과 계승에 대해서는 이유숙(2012, 199-227) 참조.

21 허용선, 『환희와 열정의 지구촌 축제 기행』(서울: 예담, 2003), p. 4.

22 박상훈 · 문상정, "축제 참여경험이 심리적 안녕감과 문화적 인식에 미치는 영향: 다문화축제 참여 이주여성을 대상으로", 『관광경영연구』 제16권 3호, 2012, p. 123.

23 Harvy Cox, *The Feast of Fools*, 하비 콕스, 김천배 역, 1973, 『바보제 : 제축(祭祝)과 환상의 신학』(서울: 현대사상사, 1971).

이렇듯 축제는 인간의 유희적 욕구와 욕망의 해소, 카타르시스(catharsis)를 경험하기 위한 목적에서 인간과 자연, 인간과 문화, 인간과 신(神)의 교류를 지향하는 의사소통의 양식이지만 또 다른 측면에서 보면 풍요로운 예술적 기제인 동시에 고대부터 현대까지 인류의 가장 근원적인 집단행위의 한 형태로 전승되어 온 대표적인 문화적 표현기제이다.[24] 그리하여 축제는 예술적 요소가 포함된 제의를 일컫는 것으로 초기에는 성스러운 제의에서 출발했으나, 점차적으로 유희성 요인이 주요 부분을 차지하면서 현재에는 축제에서 종교적 신성성이 거의 퇴색되었다.[25] 다시 말해, 과거의 민족적 · 신앙적 바탕이 된 종교적 제의 형태에서 연극, 무용, 카니발, 퍼레이드, 이벤트 등 놀이 형태로 진화되었다.

한편, 어느 민족에게나 공동체를 형성하는 데 있어 축제는 큰 의미를 지니고 있다. 고국을 떠나 타국에서 생활하고 있는 디아스포라에게 축제는 공동체의 단위를 상징적 · 문화적으로 재현해 내는 하나의 장치(mechanism)였으며, 개인적 정체성이 종족적 정체성과 결합해 나가는 과정이기도 하다. 가령 재외한인들에게 축제는 경계 내의 사람들 사이에서 외부와의 경계만 강조되어 상하구분이 사라지고 한민족이라는 민족층위에서부터 고려인 · 조선족 · 재미한인 · 재일코리안이라고 하는 지역적 층위에 이르기까지 동일한 정체성을 갖도록 하는 기제였다. 이렇듯 재외한인에게 있어 축제는 자신들의 민족정체성을 확인할 수 있는 수단이었으며, 또한 현재 거주하고 있는 지역에서 공동체를 형성하는 역할을 수행하고 있었다. 이외에도 해외에서 한민족의 축제는 전통문화를 이어주는 매개체이자 한국문화를 발신하는 원류로서 일정한 역할을 하고 있는 것으로 나타났다.

일본의 전통문화를 대표하는 마쯔리(祭り)는 "신에 대한 경외심과 감사

24 김홍규 · 오세정. "축제의 의미". 『주관성 연구』 제18호, 2009. p. 140.

25 이종하. "철학으로 읽는 축제". 김영순 · 최민성 외. 『축제와 문화콘텐츠』(서울: 다할미디어, 2006). p. 29.

하는 마음, 기원 등이 표면으로 나타난 의식으로 제사적 · 축제적 측면을 함축하고 있으며",[26] 일본 각지에서 연평균 2,400회가 넘는 축제가 개최되었다.[27] 약 90여만 명에 달하는 재일코리안들의 축제 또한 매년 혹은 2년 단위로 약 50개 정도가 열렸다.[28] 민족문화의 한 형태인 재일코리안들의 축제가 활성화되기 이전에는 개인적 차원에서 재일코리안들이 생활문화의 일환으로 제사나 종교 활동을 행하면서 우리의 민족문화가 전승 · 계승되어 왔었다.

그러나 1980년대부터는 재일코리안들의 축제가 창조되면서부터 전통적인 문화와 구분되는 새로운 민족문화의 기능을 수행하였다. 한국의 전통문화가 거주국 일본사회에서 일본인과 재일한인을 구분하는 하나의 독특한 민족적 하위문화로 계승되었다면, 1980년대부터는 개인의 단위를 넘어 집단적 차원에서 민족문화의 형태로 축제가 발현하였다. 이러한 것은 가족의 경계를 넘어서 지역사회에서 표출 · 계승되고 있었으며, 모국에서 이식된 것이 아닌 재일코리안들이 새롭게 만들어낸 것이란 점에서 동일한 민족문화이지만, 개인적 차원의 것과는 그 성격이 구분된다. 재일코리안들의 축제는 '민족적인 경계' 의식에서 만들어진 문화적 부산물이었다.[29] 축제는 일본사회에서 소수민족인 재일코리안이 주류 일본인과 자신들을 구분하려는 의도에서 만들었기 때문이다.

축제가 재일코리안 사회 내부에서 발현될 수 있었던 요인은 첫째, 재일코리안들의 집거지 형성이다. 1980년대 초반부터 시작된 재일코리안의 축제는 모두 오사카에서 생성되었으며, 그 이후에는 일본 전국으로 확산

---

26 김춘식 · 남치오. 『세계 축제경영』(서울: 김영사, 2002), p. 206.

27 이성재. "일본의 축제와 웃음: 간사이 지역의 웃음 마쓰리를 중심으로". 『역사와 문화』 제18호. 2009. p. 39.

28 박수경. "재일 코리안 축제와 마당극의 의의: 生野民族文化祭를 중심으로". 『일본문화학보』 제45집. 2010. p. 272 재인용.

29 김현선. "재일코리안의 축제와 민족정체성". 『일본연구논총』 제26호. 2007. pp. 459-460.

되었다. 재일코리안 중 약 1/3에 해당하는 30여만 명 정도가 오사카, 고베, 나라 등 관서지방에 거주하고 있다. 오사카부에는 약 13만 명의 재일코리안이 생활하고 있는데, 현재도 우리 동포가 가장 많이 정주하고 있는 지역이다. 오사카는 재일코리안 사회의 분열과 일본 사회로부터 받는 차별 속에서도 한국 문화의 발신지 역할을 하고 있다. 그 이유는 무엇인가. 오사카는 해방 이전부터 일본에 거주하였던 올드커머의 주된 집거지였다. 이는 인구의 집중이 민족문화의 창조과정에서 하나의 중요한 요인으로 작용하였음을 알 수 있다.

뿐만 아니라 오사카는 일제의 식민지 시대에 있어 공업지대를 형성하는 과정에서 조선인이 노동자로 모집되거나, 강제연행에 의해 이주한 재일코리안 1세대와 그 자손들인 2~6세대가 계속해서 살고 있었다.[30] 제주도와 오사카 간의 직항 정기항로의 개설은 제주도 출신자들의 가족형태를 띤 연쇄이주(chain migration)를 촉진한 요인이었다. 그리하여 초기의 단독이주는 점차 가족, 친척 등 혈연과 지연에 기반한 네트워크에 의존해 연쇄적인 이주가 이루어짐으로써 일본에서 재일코리안 다수가 주거하는 지역에서 생활 공동체를 구축할 수 있었다.[31] 이러한 요인은 자연스럽게 오사카를 중심으로 재일코리안들의 축제가 열릴 수 있는 환경을 조성해 주었다.

둘째, 재일코리안들의 축제는 민단, 조총련과 같이 정치적 성격을 띠고 있는 단체들이 주관하는 정치운동의 형태가 아니었다. 동포사회 내부에서는 이념에 의한 정치적 분열이 가속화되어 단체 간 갈등과 대립을 반복하고 있었다. 뜻을 같이하는 동포들이 합심하여 민족의 단합을 목적으로 자발적으로 축제를 발의하였다. 이를테면 원코리아페스티벌은 1972년 남북한의 7 · 4공동성명을 기린다는 차원에서 재일코리안 2세인 정갑수,

---

30 박수경(2010), p. 273.

31 차승기, "지방주의의 역사-지정학: 식민지 시기 내지 이주 조선인들의 지방주의적 갈등", 『디아스포라연구』 제6권 2호, 2012, p. 72.

김시종 등이 의기투합하여 '7 · 4회'를 만들었으며, 이 모임에서 논의된 것들이 후일 원코리아페스티벌의 시초가 되어 축제로 발현되었다.[32] 셋째, 일본사회의 외국인에 대한 차별과 동화정책의 결과, 재일코리안들의 일본 국적의 취득이 점차적으로 증가하였다. 재일코리안 지식인을 중심으로 일본의 사회통합 정책에 대항하여 동포들의 화합과 연대, 민족정체성 회복이라는 문제의식이 작용하였다. 넷째, 일본 내의 사회적인 변화의 바람은 축제가 열릴 수 있는 매개체로 작용하였다. 1980년대를 지나면서 재일코리안 사회는 경제적 안정을 희구할 수 있을 정도의 부를 축적했으며, 이는 일상생활에서 일본인과 동등한 경제생활을 영위할 수 있는 토대가 되었다.[33]

재일코리안의 집거지가 형성된 지역은 '한국의 날', 또는 '한인축제'가 다양한 형태로 열렸다. 동포들은 축제에서 시가행진, 민속놀이를 즐기면서 민족정체성을 지켜가고 있었다. 동포 학생들이 많은 오사카, 도쿄의 학교는 '한국의 날'에 무용, 음악 발표회, 의상 전시회, 전통 음식 먹거리 행사를 개최하였다. 교포 학생들은 화려한 한복을 입고 아리랑 장단에 맞춰 부채춤을 추면서 한민족의 문화를 인식한다.[34] 재일코리안들은 축제를 통해 민족정체성과 민족문화를 유지하고, 소수민족으로서 자기의 존재를 확인하고 있었다.

이렇듯 사회의 내 · 외부적 변화과정에 대한 반작용으로 촉발된 재일코리안 사회의 통합과 민족성 회복을 위한 자발적인 움직임과 조응하여 생겨난 민족문화의 한 형태는 축제였다. 재일코리안 2세대 및 3세대를 중심으로 현실에 대한 자기반성과 민족정체성의 위기를 간파하고, 이를 해소하는 방법으로 재일코리안은 축제를 고안하였다.

---

32 鄭甲壽, 『ワンコリア風雲錄: 在日コリアンたちの挑戰』(東京: 岩波書店, 2005), p. 23.

33 김현선(2007), pp. 465-466.

34 장윤수, "재외한인사회와 민족문화네트워크", 『대한정치학회보』 제14집 2호, 2006, p. 118.

재일코리안의 다양한 축제에서 부각된 공통 요소 중 하나는 동포들의 화합을 강조하는 먹거리, 오락, 체육행사 등 주민화합의 성격을 띠고 있지만, 프로그램의 구성 형식은 부채춤, 사물놀이 공연, 씨름 등 한국의 전통문화의 소개와 함께 현대 가요와 무용 등이 가미된 종합축제의 성격을 띠고 있었다.[35] 또 다른 특징은 만남과 교류의 장소였다. 우리 동포들 간, 혹은 동포와 일본인, 중국인, 동남아인 등 다양한 민족들이 축제의 장에서 소통하고 상대방의 문화를 이해할 수 있는 공생의 장을 조성하였다.

첫째, 재일코리안의 문화생활 전반을 다룬 연구이다. 이광규는 오사카 동포들의 사회 및 문화생활을 가족 구성, 의식주, 의례, 가정 및 경제생활로 구분하여 심층적으로 분석하였다. 고정자·손미경은 재일코리안들의 집단거주지 중 하나인 오사카 코리아타운을 중심으로 형성 과정을 조사하여 코리아타운이 한국문화의 발신지였음을 밝혀내었다.[36] 국립민속박물관은 관서지역의 오사카를 중심으로 재일코리안의 문화생활을 분석했다.[37] 일본 내에서 주류사회의 동화 압력과 본국 및 동포 사회로부터의 민족·문화 정체성의 유지라는 압력이 작용한 결과, 이들은 혼성화(hybridyzation)와 재민족화(re-ethnization)라는 생활문화적 특징을 갖고 있었다. 국립민속박물관은 일본 관동지역의 재일코리안 집주지역인 도쿄도 주변의 게이힌(京浜) 공업지역에 인접한 사쿠라모토(櫻本), 이케가미(池上) 지역의 생활문화를 인류학적·민속학적 방법으로 접근하여 분석하였다.[38]

둘째, 재일코리안의 축제를 다룬 연구물이다. 황혜경은 오사카시와 가와사키시에서 행해지는 축제의 의미, 축제를 통한 호스트 사회와의 관계

35 손미경. "오사카 원코리아 페스티벌: 통일운동에서 다문화 공생의 장으로". 『재외한인연구』 제23호. 2011.

36 고정자·손미경. "한국문화 발신지로서의오사카 이쿠노쿠 코리아타운". 임영상 외. 『코리아타운과 한국문화』(서울: 북코리아, 2012)

37 국립민속박물관. 『일본 관서지역 한인동포의 생활문화』. 2002.

38 국립민속박물관. 『일본 관동지역 한인동포의 생활문화』. 2005.

를 분석하였다.[39] 그 결과 민족축제는 재일코리안들에게 있어서 일본사회의 혹독한 차별과 억압으로부터 한을 푸념할 수 있는 장소이면서 민족문화를 접하고 계승하며, 민족적 자각을 일깨우는 역할을 하고 있는 것으로 평가하였다. 오사카의 이쿠노민족문화제는 호스트 사회에 저항할 수 있는 축제로 생성되었지만, 가와사키시의 재일코리안 축제는 호스트 사회와의 공생이었지만, 불평등한 관계로 시작되어 지금까지도 계속되고 있음을 밝혀내었다. 박수경은 오사카 이쿠노민족문화제는 코리아타운 형성의 한 요인으로 작용했으며, 재일코리안뿐만 아니라 일본사회의 다양성, 혼종성, 타자 인식에도 긍정적 영향을 준 것으로 평가하였다.[40]

오사카 재일코리안들의 축제를 고찰한 리다(Lida)는 축제가 민족문화의 개별적 요소를 통합하고 다양한 소집단을 연결하는 통로 역할을 하는 것으로 평가하였다.[41] 따라서 축제는 민족문화 운동의 수준을 넘어 재일코리안 사회에 내재되어 있는 정치적 대립이나 세대에 의한 사고방식의 갈등을 한민족이라는 표상으로 엮어내는 기제로 작용하고 있다. 김현선은 축제와 정체성의 상관성을 분석하였다. 재일코리안들의 축제는 민족내부의 화합과 연대, 민족교류와 공생의 다문화 사회를 테마로 다루고 있으며, 동포와 일본인도 참가하여 교류와 이해의 장 혹은 자기해방의 장으로 기능하고 있었다.[42] 특히 일본사회에서 재일코리안들의 축제는 소수자로서 그 존재를 표명하고 있으며, 일본사회의 동질화에 대응하여 독자적 · 민족적 경계를 만들어가는 문화적 실천의 장이었다.

---

39 황혜경. "재일코리안에 있어서 민족축제 의미와 호스트사회와의 관계". 『일본문화학보』 제46집. 2010. 오사카시는 이쿠노민족문화제, 원코리아페스티벌, 이쿠노코리아타운 공생마쯔리 그리고 가와사키시는 아리랑제, 일본 마쯔리를 선정하였다.

40 박수경(2010).

41 Lida T. "The Festival and Ethnicity of Koreans in Japan." in Nakano, T. Lida, T. and Yamanaka, H.(eds). *Religion and Nationalism*. Tokyo: Sekaishisosha. 1997.

42 김현선(2010).

제3장
중국조선족의 문화영토

1. 문화접변 전략[1]

1) 중국조선족: 민족자치와 초국적 이주

중국조선족은 근·현대시기에 한반도에서 이주해 간 민족이며, 주변의 북한과 러시아와 국경을 마주하는 변경지역에서 집중적으로 거주하여 살아가고 있는 과계민족의 특성을 가지고 있다.[2] 현재 중국조선족 사회의 형성은 크게 네 단계로 나누어 살펴볼 수 있다.[3] 첫 번째 시기는 19세기 중반 이후 자연재해와 사회경제적 상황으로 인해 함경도와 평안도 지역에 거주하고 있는 조선인들이 압록강과 두만강을 건너 일부 산간 지역을 개간하여 농사를 짓기 시작하면서 정착하게 되었다. 두 번째 시기는 1905년 을사늑약과 1910년 일본의 강제병합으로 인해 생계가 어려운 농민들의 이주와 항일독립운동을 위해 애국지사들이 간도지역으로 대거 유입되면서 이루어졌다. 세 번째 시기는 1932년 만주국 건설 이후 일본은 만주지역의 자원 개발과 통치 강화를 위해 한반도 남부지역의 주민들을 집단으로 이주시키는 정책을 펼치면서 만주지역 곳곳에 집단마을이 형성되었다.[4] 네 번째 시기는 1980년대 개혁·개방 정책과 한·중 국교 수립 이후

1 선봉규. "한민족 디아스포라의 문화변용 연구: 중국조선족과 재일코리안을 중심으로". 『민족문화논총』 제56집, 2014. pp. 329-357의 자료를 부분적으로 발췌함.

2 임채완·선봉규(2013), "과계민족으로서 중국조선족 민족정체성과 문화변용의 상관성 연구", 『세계지역연구논총』 31-3, p. 141.

3 중국조선족의 이주 시기 구분은 학자마다 조금씩 달리 나타난다. 이광규(1994)는 이주기(1880-1910), 저항기(1910-1932), 암흑기(1932-1945), 정착기(1945-1966) 등 네 시기로 구분하고 있다. 권태환(1996)은 월경개척민, 일제침략과 이주, 1920년대, 1930년대, 제2차 세계대전 등으로 구분하고 있다. 이러한 구분은 1980년대 이후 세계 곳곳으로 확장되고 있는 조선족의 디아스포라적 특성을 포착하는데 한계를 가지고 있다.

4 현재에 이르기까지 동북지역에는 경상도 마을(길림성 길림시 아라디 마을, 길림성 안도현 오봉마을, 흑룡강성 상지시 하동촌 등), 전라도 마을(길림성 안도현 무주촌, 정읍촌, 광양촌 등), 충청도 마을(길림성 도문시 정암촌), 경기도 마을(길림성 유하현 경기촌, 가평촌, 광주촌 등), 강원도 마을(길림성 안도현 고성촌, 김화촌 등)이 존재한다.

대도시 및 연안 도시, 그리고 한국 등 세계 곳곳으로 이주하면서 새로운 집거지를 형성하고 있다.

조선족은 중국의 55개 소수민족 중의 하나이며, 인구 규모면에서 113번째를 차지하고 있다. 2013년 외교부 자료에 의하면, 중국조선족은 총 2,573,928명이며, 거주자격별로 중국국적이 2,223,399명, 일반체류자 297,405명, 유학생 49,913명, 영주권자 3,211명이다. 이들 중 대부분은 길림성, 흑룡강성, 요녕성 등 동북 3성 지역(1,652,730명)에 거주하고 있다. 이 지역은 19세기 후반부터 일제 식민지시대에 이르기까지 한반도에서 이주해 간 곳이며, 조선족이 가장 많이 밀집해 있는 길림성 연변지역(연길시, 용정시, 화룡시, 도문시, 돈화시, 훈춘시, 왕청현, 안도현)은 1952년에 '연변조선족민족자치구'의 지위를 획득했다.[5] 조선족의 민족자치의 지위 획득은 중국특색의 소수민족정책과 일제 식민지 시기에서부터 신중국 건설, 한국전쟁에 이르기까지 조선족의 희생의 결과물이다.[6] 그러나 최근 연변조선족사회는 대도시 및 한국으로의 노동이주로 인한 인구유출이 증가하면서 농촌공동체의 인구감소와 가족 해체 현상이 대두되고 있다.[7]

한편, 1990년대 이후에는 동북 3성지역의 대표적인 도시인 연길, 심양, 장춘으로 이주가 본격화되었다. 특히 한국기업의 진출이 집중된 북경, 청도, 상해, 심천 등 내륙의 대도시 및 연해 도시 지역으로 이주하면서 한족, 한국인, 조선족이 함께 공존하는 다층적 공간을 형성하고 있다. 구체적으로 이들 지역에 거주하고 있는 조선족들을 보면, 북경에 167,475명, 청도에 183,321명, 광동성에 149,902명이 살고 있다. 또한 중국조선족은 한국을 비롯한 일본, 미국 등 세계 곳곳으로 이동하여 삶의 공간을 지구적

---

5 1955년에 조선족이 거의 살지 않은 돈화시가 연변조선족자치구에 편입되면서 자치주로 변경되었다.

6 예컨대, 연변지역의 혁명열사는 총 1만 5천 453명인데, 그중 조선족의 혁명열사는 1만 4천 512명으로 94%를 차지하고 있다.

7 연변조선족자치주 인구는 조선족 자치주 건립 초기인 1953년 전체의 70.5%를 차지했으나 2009년에는 전주 인구 전체의 80만 명으로 36.7%를 차지하고 있다. 월드코리안, 2012년 11월 10일.

차원으로 확장하고 있다.[8] 특히 한국거주 조선족은 53만 3천여 명으로,[9] 주로 서울시 구로구 가리봉동과 영등포구 대림동 지역을 중심으로 조선족 타운을 형성하여 거주하고 있다. 이처럼 조선족은 기존의 전통적인 거주 공간을 벗어나 초국적 이동을 통해 혼종적인 문화를 습득하고 있다.

2) 문화접변 전략의 양상 및 특성

(1) 문화접변 전략 양상

배리의 문화접변 전략의 네 가지 유형에 따라 배리의 EAAM을 반영한 연변조선족의 문화접변 전략의 특성은 아래 〈표 3.1〉과 같다.

먼저, 연변조선족의 문화접변 전략은 통합유형의 성향이 높은 것으로 조사되었고, 그다음으로 분리유형, 동화유형 순으로 나타났다. 중국조선족의 문화접변 전략이 통합유형과 분리유형이 상대적으로 우세하게 나타난 이유는 무엇보다 정착사회의 소수민족에 대한 정책 및 특정 소수민족에 대한 지배 민족의 편견과 차별적 태도에서 비롯된 것으로 보인다. 중국은 헌법이나 민족구역자치법에서 소수민족에 대한 자치정책을 취하고 있

표 3.1 중국조선족의 문화접변 전략

유형	평균(M)	표준편차(SD)	t(p)
동화	2.662	.9128	2.335(.021)
분리	3.316	.8624	1.913(.057)
통합	3.566	.8070	-2.505(.013)
주변화	1.828	.8787	-4.331(.000)

8 임채완 외(2013). 『코리안 디아스포라: 이주루트와 기억』. 북코리아. p. 65.

9 국민일보. 2014.01.19.

다. 헌법 제4조에 따르면, "중화인민공화국의 각 민족은 일률적으로 평등하며, 국가는 소수민족이 갖고 있는 합법적인 권리와 이익을 보장한다"고 되어 있다. 1984년 민족구역자치법 제정을 통해 현재 중국 내에는 소수민족의 자치구 5개, 자치주 30개, 자치현 120개 등이 건립되어 민족자치를 실현하고 있다. 중국조선족의 경우는 1952년 9월 3일 연변지역에 민족자치구가 성립되었다. 이후 1958년 9월에는 길림성장백조선족자치현이 건설되었고, 동북 3성(길림성, 흑룡강성, 요녕성) 지역과 내몽골자치구에 약 50여 개의 민족자치향(진)이 성립되어 민족자치를 실시하고 있다.[10] 이처럼 중국의 독특한 소수민족의 민족자치정책으로 인해 조선족은 물론 소수민족들은 민족공동체의 유지와 발전, 민족문화 발전 등을 지속적으로 추진할 수 있게 되었다.

구체적으로 각 유형별 문화접변 척도의 평균값을 살펴보면 다음과 같다.

동화유형 관련 척도의 전체 평균은 2.72이며, 척도 중에서 가장 높은 평균점수를 기록한 것은 '조선어보다 중국어로 글쓰기를 더 잘한다'(2.98)로 나타났다. 다음으로 '조선족들보다 한족들과 교제하는 것이 더 편하다'(2.80), '시를 쓴다면 조선어보다 중국어로 쓰는 것을 더 좋아한다'(2.76), '집에서 주로 조선어보다 중국어를 사용한다'(2.72), '조선족들보다 한족들이 나를 잘 이해하는 것 같다'(2.67), '조선족들보다 한족들과 더 잘 어울린다'(2.66), '조선족들보다 한족들에게 내 감정을 잘 전달할 수 있다'(2.62), '직장이나 학교에서 내 친구의 대부분은 한족들이다'(2.55) 순으로 나타났다.

분리유형 관련 척도의 전체 평균은 3.34이며, 척도 중에서 가장 높은 평균점수를 얻은 척도는 '친한 친구들은 조선족들이다'(3.52)로 나타났다. 다음으로 '한족들보다 조선족들과 함께 있을 때 편안하다'(3.43), '주로 조선음악(한국음악)을 듣는다'(3.34), '한족들보다 조선족들과 만나는 것을 더 좋아

10 정신철(1999), 『중국조선족사회의 변천과 전망』, 요녕출판사, pp. 259-261.

한다'(3.35), '조선족들이 구성원인 사교모임에 가기를 좋아한다'(3.27), '한족들보다 조선족들과 만나는 것을 더 좋아한다'(3.17) 순으로 나타났다.

통합유형 관련 척도의 전체 평균은 3.56이며, '조선어로 생각한 것처럼 중국어로도 생각할 수 있다' 척도의 평균이 가장 높은 것으로 나타났다. 그 이외에 '조선족이나 한족 모두 나를 소중히 여긴다고 느낀다'(3.59), '조선족 친구와 한족 친구가 모두 있다'(3.56), '내 주변의 한족이나 조선족들 모두에게 편안함을 느낀다'(3.55), '조선어와 중국어로 농담을 할 수 있다'(3.50) 순으로 나타났다.

표 3.2 연변조선족의 문화접변 척도 분석 결과

유형	문화변용 척도	평균 (M)	표준 편차 (SD)
동화	조선어보다 중국어로 글쓰기를 더 잘한다	2.98	1.254
	집에서 주로 조선어보다 중국어를 사용한다	2.72	1.171
	시를 쓴다면 조선어보다 중국어로 쓰는 것을 더 좋아한다	2.76	1.231
	조선족들보다 한족들과 더 잘 어울린다	2.66	1.126
	조선족들보다 한족들이 나를 잘 이해하는 것 같다	2.67	1.065
	조선족들보다 한족들에게 내 감정을 잘 전달할 수 있다	2.62	1.078
	조선족들보다 한족들과 교제하는 것이 더 편하다	2.80	1.183
	직장이나 학교에서 내 친구의 대부분은 한족들이다	2.55	1.166
	전체	2.72	1.159
분리	주로 조선음악을 듣는다	3.34	1.104
	친한 친구들은 조선족들이다	3.52	1.040
	조선족들이 구성원인 사교모임에 가기를 좋아한다	3.27	1.060
	한족들보다 조선족들이 더 평등하게 대해 순다고 느낀다	3.17	.992
	한족들보다 조선족들과 만나는 것을 더 좋아한다	3.35	.964

유형	문화변용 척도	평균 (M)	표준 편차 (SD)
	한족들보다 조선족들과 함께 있을 때 편안하다	3.43	.925
	전체	3.34	1.0142
통합	조선어와 중국어로 농담을 할 수 있다	3.50	1.070
	조선어로 생각한 것처럼 중국어로도 생각할 수 있다	3.62	.957
	조선족 친구와 한족 친구가 모두 있다	3.56	.986
	조선족이나 한족 모두 나를 소중히 여긴다고 느낀다	3.59	.917
	내 주변의 한족이나 조선족들 모두에게 편안함을 느낀다	3.55	.993
	전체	3.56	0.985
주변화	한족이든 조선족이든 누군가와 교제하는 것이 어렵다	1.94	1.071
	가끔 한족이든 조선족이든 나를 좋아하지 않는다고 느낀다	1.81	.991
	아무도 나를 이해하지 않는다고 생각할 때가 자주 있다	1.78	.970
	가끔 누구든 사람들과 소통하는 것이 어렵다	1.81	1.003
	가끔 친구 사귀기가 어렵다는 것을 알았다	1.97	1.051
	가끔 한족들이나 조선족들이 나를 인정해주지 않는다고 생각한다	1.87	.977
	가끔 한족이나 조선족을 신뢰하기 어렵다	1.82	.989
	종종 한족들이나 조선족들이 나를 이해하기 어렵다고 생각한다	1.83	.980
	다른 사람들과 함께 있을 때 편안함을 느끼지 못한다	1.70	.878
	전체	1.84	0.990

주변화유형 관련 척도의 전체 평균은 1.84이며, 척도 중에서 가장 높은 평균점수를 기록한 척도는 '가끔 친구 사귀기가 어렵다는 것을 알았다'(1.97)로 나타났다. 다음으로 '한족이든 조선족이든 누군가와 교제하는 것이 어렵다'(1.94), '가끔 한족들이나 조선족들이 나를 인정해주지 않는다고 생각한다'(1.87), '종종 한족들이나 조선족들이 나를 이해하기 어렵다고

생각한다'(1.83), '가끔 한족이나 조선족을 신뢰하기 어렵다'(1.82), '가끔 한족이든 조선족이든 나를 좋아하지 않는다고 느낀다'(1.81), '가끔 누구든 사람들과 소통하는 것이 어렵다'(1.81), '아무도 나를 이해하지 않는다고 생각할 때가 자주 있다'(1.78), '다른 사람들과 함께 있을 때 편안함을 느끼지 못한다'(1.70) 순으로 나타났다.

이러한 사실에서 볼 때, 연변조선족은 주류사회의 문화에 적극적으로 참여하고 관계를 형성하면서 동시에 민족 정체성 유지, 즉 조선족의 고유 전통 문화 및 민족정체성을 유지하고 계승하는 데 적극적인 것으로 이해할 수 있다.

(2) 인구사회학적 특성과 문화접변 전략

〈표 3.3〉은 중국조선족의 인구사회학적 특성에 따라 문화접변 전략의 양상이 어떻게 나타나는지를 보여준다. 구체적으로 살펴보면 다음과 같다.

첫째, '성별'에 따른 문화접변 전략을 보면, 모두 통합 유형의 평균점수가 가장 높았으며, 남성, 여성 모두 네 가지 유형의 평균점수가 매우 비슷하게 나타났다.

둘째, '연령'에 따른 문화접변 전략을 살펴보면, 전반적으로 통합 유형의 평균점수가 높은 가운데 통합 유형 중에서 50대와 20대, 40대 순으로 평균점수가 상대적으로 높았다. 〈표 3.3〉에서 주목할 부분은 분리 유형에서 20대의 평균점수(3.60)가 통합 유형의 평균점수(3.56)와 비슷하게 나타나고 있다는 점이다.

셋째, '학력'에 따른 문화접변 전략을 살펴보면, 대학원졸업의 경우 통합 유형 척도에서 4.03으로 가장 높은 평균점수를 기록했다. 그 이외에 대졸이 3.65, 전문대졸이 3.61, 고등졸업이 3.53 순으로 나타났다. 초등졸업의 경우를 보면, 통합 유형 척도의 평균점수(3.17)보다 분리 유형의 평균점수(3.56)가 더 높은 것으로 나타났다.

표 3.3 인구사회학적 특성에 따른 문화접변 전략 분석 결과

특성 \ 문화변용전략		동화(M)	분리(M)	통합(M)	주변화(M)
성별	남성	2.74	3.41	3.61	1.81
	여성	2.70	3.29	3.53	1.86
연령	20대	2.32	3.60	3.67	2.15
	30대	2.70	3.36	3.49	1.94
	40대	2.67	3.33	3.60	1.96
	50대	3.19	3.18	3.69	1.54
	60대	2.53	3.35	3.37	1.66
학력	초등	2.54	3.56	3.17	2.44
	중등	2.61	2.96	3.23	1.66
	고등	2.69	3.33	3.53	1.76
	전문대	3.09	3.15	3.61	1.78
	4년제대학	2.64	3.49	3.65	1.82
	대학원	2.67	3.79	4.03	2.04
	무학	2.83	3.00	2.87	2.93
직업	대학생	2.32	3.57	3.60	1.89
	자영업	2.81	3.26	3.75	1.77
	서비스	3.24	3.45	3.66	2.01
	건설노무	3.14	3.30	3.53	1.33
	사무전문	2.78	3.41	3.73	1.88
	가사노동	2.43	3.32	3.19	1.81
	기타	2.61	3.11	3.30	1.96
결혼 여부	기혼	2.79	3.30	3.58	1.77
	미혼	2.41	3.54	3.50	2.16

특성 \ 문화변용전략		동화(M)	분리(M)	통합(M)	주변화(M)
세대	1세	2.38	2.67	2.80	2.22
	2세	2.79	3.28	3.47	1.70
	3세	2.71	3.29	3.65	1.68
	4세	2.72	3.49	3.61	2.17
	5세	2.48	3.63	3.40	2.08
	6세	1.75	2.50	3.00	1.67
소득	10만 위안 미만	2.72	3.34	3.36	1.85
	10만 위안 이상	2.74	3.36	3.57	1.81
출생지	연길	2.79	3.32	3.53	2.09
	기타지역	2.70	3.35	3.57	1.76
체류 기간	10년 이하	2.72	3.22	3.52	1.66
	20년 이하	2.67	3.33	3.57	1.85
	30년 이하	2.66	3.55	3.74	1.91
	40년 이하	3.01	3.46	3.48	2.00
	50년 이하	2.45	3.26	3.31	2.15
	51년 이상	3.13	3.22	3.52	1.63
이주 시기	1960년대 이전	3.17	3.16	3.64	1.76
	1970년대	2.67	3.26	3.30	1.99
	1980년대	2.77	3.44	3.68	2.09
	1990년대	2.44	3.45	3.55	1.85
	2000년대	2.82	3.30	3.26	1.72
이주 동기	가족동반	2.69	3.27	3.59	1.80
	교육	2.86	3.38	3.57	1.42
	취업 및 직장	2.63	3.57	3.74	1.85
	결혼	2.73	2.91	3.18	1.43
	현지출생	2.75	3.36	3.55	2.03
	기타	2.64	3.15	3.20	2.89

넷째, '직업'에 따른 문화접변 전략을 살펴보면, 자영업의 경우 통합 유형 척도에서 평균 3.75로 가장 높았으며, 다음으로 사무관리 및 전문직이 3.73, 서비스업이 3.66, 대학생이 3.60 순으로 나타났다. 가사노동의 경우는 통합 유형의 평균(3.19)보다 분리 유형의 평균(3.32)이 더 높은 것으로 나타났다. 대학생의 경우 분리 유형과 통합 유형의 평균점수가 거의 비슷하게 나타났는데, 이는 조사대상자 모두 연변대학에 다니고 있는 관계로 대학의 정체성과 연관되어 있는 것으로 볼 수 있다. 서비스업과 건설노무직에 종사하는 사람들의 경우, 동화 유형의 평균점수에서 각각 3.24, 3.14를 기록하여 다른 직업의 종사자들보다 상대적으로 높은 점수를 기록했다. 이러한 사실은 이들 직업의 특성과 연관되어 있는 것으로 보인다.

다섯째, '결혼여부'에 따른 문화접변 전략을 살펴보면, 기혼과 미혼 모두 통합 유형에서 비슷하게 나타났다. 분리 유형에서는 미혼의 평균점수(3.54)가 기혼의 평균(3.30)보다 약간 높게 나타난 것이 특징이다. 반면, 동화 유형에서는 기혼의 평균점수(2.79)가 미혼의 평균(2.41)보다 더 높게 조사되었으며, 주변화 유형에서는 미혼의 평균점수(2.16)가 기혼의 평균(1.77)보다 높게 나타났다.

여섯째, '세대'에 따른 문화접변 전략을 살펴보면, 전반적으로 통합 유형의 평균이 높게 나타났는데 3세대가 3.65로 가장 높았으며, 4세대가 3.61, 2세대가 3.47, 5세대가 3.40, 6세대가 3.00 순으로 나타났다. 분리 유형에서 5세대의 평균점수(3.63)가 통합 유형의 전체 평균점수(3.56)보다 약간 높게 나타난 것이 특징적이다. 주변화 유형에서는 4세대와 5세대의 평균점수가 2세대와 3세대의 평균보다 약간 높게 나타났다.

일곱째, '소득'에 따른 문화접변 전략을 살펴보면, 연 10만 위안 이상의 소득을 올린 사람들의 경우 통합 유형의 평균(3.57)이 높게 나타났으며, 10만 위안 미만의 경우는 통합 유형과 분리 유형의 평균점수가 거의 동일하게 나타났다.

여덟째, '출생지'에 따른 문화접변 전략을 살펴보면, 연길이나 기타 지역 모두 네 가지 유형의 평균점수가 매우 비슷하게 나타났다. 주변화 유형에서 연길시 출신보다 기타지역 출신의 평균값이 낮은 이유, 즉 기타지역 출신이 상대적으로 주변화 유형이 낮게 나타난 것은 무엇보다 여러 차례의 문화접변 과정을 경험했다는 데에서 비롯된 것으로 이해할 수 있다.

아홉째, '체류기간'에 따른 문화접변 전략을 살펴보면, 연길시의 체류기간이 30년 이하의 경우가 네 가지 유형 중 통합 유형 척도에서 평균 3.74로 가장 높게 나타났다. 또한 분리 유형 척도에서도 30년 이하의 경우가 평균 3.55로 가장 높았다. 그런데 동화 유형 척도에서는 51년 이상의 경우가 평균 3.13으로 다른 체류기간에 비해 가장 높게 나타났다.

열 번째, '이주시기'에 따른 문화접변 전략을 살펴보면, 1980년대에 연길로 이주한 사람들이 통합 유형 척도에서 평균점수가 3.68로 가장 높게 나타났으며, 1960년대 이전에 이주한 사람이 3.64, 1990년대 이주한 사람이 3.55, 1970년대 이주한 경우가 3.30, 2000년대 이주가 3.26 순으로 나타났다. 한 가지 주목할 점은 동화 유형 척도에서 1960년대 이전에 이주한 경우 평균점수가 3.17로, 1970년대 이후 시기에 이주한 사람들보다 상당한 격차를 보였다는 것이다.

열한 번째, '이주동기'에 따른 문화접변 전략을 살펴보면, 취업 목적으로 이주한 경우가 통합 유형 척도에서 가장 높은 평균점수(3.74)를 기록했으며, 그다음으로 가족동반이 3.59, 교육이 3.57, 연길 출생이 3.55, 결혼이 3.18 순으로 나타났다. 분리 유형에서도 취업 목적의 이주가 평균 3.57로 가장 높은 점수를 나타냈으며, 결혼 목적의 경우는 2.91로 가장 낮은 점수를 기록했다.

(3) 문화접변 전략 차이 분석

이 책에서는 통계적으로 집단 간의 평균 차이가 존재하는지를 알아보기 위해 t-검정, 분산분석(ANOVA)을 활용하여 살펴보았다. 이 글에서는 통계적으로 유의미한 차이를 나타내는 변수를 중심으로 분석결과를 제시하였다. 분석결과에 따르면, 연변조선족은 연령, 학력, 결혼여부, 출생지에 따라 집단 간의 유의미한 차이가 존재하는 것으로 나타났다. 베리의 네 가지 문화접변 유형별로 구분하여 살펴보면 다음과 같다.

첫째, 동화유형은 결혼여부와 연령에 따라 통계적으로 집단 간의 차이가 존재하는 것으로 나타났다. t-검정을 통해 결혼여부에 따른 집단 간의 결과를 살펴보면, 결혼하지 않은 사람들보다는 결혼한 사람들이 동화에 가까운 경향을 보이는 것으로 나타났다.

표 3.4 동화유형: 독립표본 t-검정 분석 결과

구분	변수	빈도	동화	t(p)
			분석결과($\bar{x}$±S.D.)	
결혼여부	기혼	140	2.791 ± .8962	2.281* (.027)
	미혼	32	2.406 ± .8525	

주: *: p<.05

분산분석을 통해 연령에 따른 집단 간의 결과를 살펴보면, 20대와 50대 간의 평균 차이가 존재하는 것으로 나타났다. 즉 20대에 비해 50대의 사람들이 동화에 가까운 경향을 보이는 것으로 조사되었다.

표 3.5 동화유형: 분산분석(ANOVA) 결과

구분	변수	빈도	동화	F(p)	Scheffe 검증
			분석결과($\bar{x}$±S.D.)		
연령	20대(a)	18	2.715 ± .8991	3.853** (.005)	a<b
	30대	39	2.702 ± .8795		
	40대	51	2.672 ± .8015		
	50대(b)	34	3.191 ± .8546		
	60대 이상	30	2.529 ± .9415		

주: *: p<.05, **: p<.01

둘째, 분리유형의 경우는 학력에 따라 통계적으로 집단 간의 차이가 존재하는 것으로 나타났다. 즉 중학교를 졸업한 사람보다는 대학원을 졸업한 사람들이 분리유형에 가까운 경향을 보이고 있다.

표 3.6 분리유형: 분산분석(ANOVA) 결과

구분	변수	빈도	분리	F(p)	Scheffe 검증
			분석결과($\bar{x}$±S.D.)		
학력	초등	6	3.556 ± .7429	3.076** (.007)	$a<b$
	중등(a)	23	2.964 ± .9795		
	고등	61	3.325 ± .6922		
	전문대	23	3.152 ± .4896		
	대학	35	3.486 ± .7769		
	대학원(b)	21	3.794 ± .6644		
	무학	3	3.000 ± .1667		

주: *: $p<.05$, **: $p<.01$

셋째, 통합유형의 경우는 학력에 따라 통계적으로 집단 간의 차이가 존재하는 것으로 나타났으나, 사후검증에서는 유의하지 않은 것으로 조사되었다.

표 3.7 통합유형: 분산분석(ANOVA) 결과

구분	변수	빈도	통합	F(p)	Scheffe 검증
			분석결과($\bar{x}$±S.D.)		
학력	초등	6	3.167 ± .9913	2.931* (.010)	N/A
	중등	23	3.226 ± .8275		
	고등	61	3.534 ± .7310		
	전문대	23	3.609 ± .6888		
	대학	35	3.647 ± .7436		
	대학원	21	4.029 ± .7491		
	무학	3	2.867 ± .4163		

주: *: $p<.05$, N/A: 해당 없음.

넷째, 주변화유형의 경우는 출생지, 결혼여부, 연령, 연소득에 따라 통계적으로 집단 간의 차이가 존재하는 것으로 나타났다. 먼저, t-검정을 통해 출생지와 결혼여부에 따른 집단 간의 차이를 분석했다. 출생지의 경우는 연길시 이외의 지역에서 태어난 사람들이 주변화에 가까운 경향을 보이고 있다. 결혼여부에 따라서는 결혼하지 않은 사람들이 결혼한 사람들보다 주변화 경향이 높은 것으로 나타났다.

표 3.8 주변화유형: 독립표본 t-검정 분석 결과

구분	변수	빈도	주변화	t(p)
			분석결과($\bar{x}$±S.D.)	
출생지	연길	42	2.090 ± .9014	2.141* (0.36)
	기타	130	1.757 ± .7903	
결혼 여부	기혼	140	1.766 ± .7831	-2.156* (.037)
	미혼	32	2.156 ± .9533	

주: *: p<.05

분산분석을 통해 연령에 따른 집단 간의 차이를 살펴보면, 연령의 경우에 통계적으로 유의미한 것으로 나타났지만 사후검증에서는 유의미하지 않은 것으로 조사되었다.

표 3.9 주변화유형: 분산분석(ANOVA) 결과

구분	변수	빈도	주변화	F(p)	Scheffe 검증
			분석결과($\bar{x}$±S.D.)		
연령	20대(20~29세)	18	2.148 ± 1.0133	2.624* (.037)	N/A
	30대(30~39세)	39	1.940 ± .7873		
	40대(40~49세)	51	1.959 ± .8598		
	50대(50~59세)	34	1.536 ± .7141		
	60대 이상	30	1.659 ± .7347		

주: *: p<.05, N/A: 해당 없음.

이러한 분석결과는 기존의 연구결과에서 나타난 바와 같이 이주민의 개인적 수준의 요인, 즉 연령, 학력, 결혼여부, 출생지 등에 따라 문화접변 전략의 차이가 나타난 것을 경험적으로 확인할 수 있다. 연변조선족의 경우, 결혼한 사람들이나 연령이 많은 50대의 조선족들은 동화 유형의 경향을 보였고, 학력에서는 중학교를 졸업한 사람들보다는 대학원을 졸업한 사람들이 분리 유형이 높은 것으로 나타났다. 연길에서 태어난 조선족과 결혼하지 않은 사람들의 경우는 주변화 경향을 보이는 것으로 나타났다.

3) 연변조선족의 민족정체성과 문화접변 전략[11]

(1) 중국조선족과 과계민족

① 중국조선족의 정체성

중국은 주류민족인 한족과 55개 소수민족이 존재하는 다민족국가이다. 이 연구의 대상인 조선족은 인구규모로 볼 때 55개 소수민족 중에서 13번째로 많으며, 연변조선족자치주가 있는 길림성, 흑룡강성, 요녕성 지역에 주로 거주하고 있다. 조선족은 19세기 후반에서부터 압록강과 두만강을 건너 중국으로 이주하였다. 이주민족인 조선족은 중국사회에의 정착 과정에서 근원적으로 다른 새로운 문화(언어, 음식, 사회적 관계, 생활방식 등)를 수용하고 이에 적응하는 데 많은 어려움을 겪게 된다. 즉, 자신의 고유문화의 유지와 새로운 문화의 수용이라는 과정에서 정체성의 갈등을 경험하게 된다. 이러한 조선족의 정체성에 대한 담론은 크게 '이중 정체성'과 '100% 조선족' 등으로 요약된다. 이것은 조선족이 중국 국적을 가진 국민정체성과 디아스포라로서 민족정체성의 복합적 측면을 어떻게 설명할 것인가이다.

11 임채완 · 선봉규. "과계민족으로서 중국조선족 민족정체성과 문화변용 상관성 연구". 『세계지역연구논총』 제31집 3호, 2013. pp. 141-164의 자료를 부분적으로 발췌함.

조선족은 또한 북한 및 러시아와 국경을 마주하는 지역에서 살아가고 있는 과계민족이다. 과계민족은 동일 민족으로서 공통의 언어, 민족감정, 문화, 종교, 신앙 등을 가지고 있으며, 이웃 국가와의 관계에서 정치, 경제, 사회문화적으로 직접적이든 간접적이든 영향을 주고받는 관계에 있다. 이러한 환경에 있는 과계민족은 사회관계 속에서 다양한 민족들의 문화를 접촉하고 수용하는 과정에서 자신의 고유한 문화를 유지하거나 새로운 형태의 문화를 창조하고, 거주국의 주류문화에 동화되기도 한다. 이렇게 이주민이 새로운 정착사회의 문화를 접촉하고 이에 대응하는 과정을 학문적으로 연구하면서 사용되기 시작한 개념이 문화접변(acculturation)이다.

문화접변은 한 사회에서 근본적으로 다른 문화적 배경을 가진 집단의 사람들이 상호작용하는 과정에서 나타나는 현상을 의미한다. 이 과정에서 정착사회의 주류민족과 비주류민족은 문화접변을 경험하게 되며, 특히 비주류민족은 정착사회의 새로운 문화에 적응할 것인지 혹은 자신의 고유한 문화와 정체성을 유지할 것인지에 대해 심리적 혼란을 겪게 된다.[12] 조선족은 중국사회에서 소수민족의 지위를 가지고 있을 뿐만 아니라 이주, 과계민족의 특성을 갖고 있기 때문에 문화적 정체성의 혼란을 겪으면서 조선족 특유의 문화를 정립해가고 있다. 중국조선족의 문화접변의 한 형태로서 연변 시인 석화의 연작시 '연변 7 – 사과배'를 들 수 있다.

> 사과도 아닌 것이, 배도 아닌 것이, 한 알의 과일로 무르익어 가고 있다 …… 우리만의 식물도감에, 우리만의 이름으로 또박또박 적혀있는 - '연변사과배', 사과만이 아닌, 배만이 아닌, 달콤하고 시원한 새 이름으로, 한 알의 과일이 무르익어 가고 있다.

---

12 문화변용 스트레스(acculturation stress)는 이주민이 새로운 정착사회의 문화에 적응하는 과정에서 경험하는 스트레스를 의미한다. 이 스트레스는 언어적 장애, 문화적 충격, 이민에 대한 성취나 기대 사이에서의 불일치 등과 같은 요인에 의해 나타난다. 신혜숙·김미영, "미국이민 한국인의 문화변용 스트레스와 일상생활 스트레스정도에 관한 연구", 『동서간호학연구지』, 제12집 1호(2006), p. 43.

이 시에서 나타나듯이 사과배는 과계민족인 조선족의 정체성을 잘 표현해 주고 있다. 이 사과배는 함경남도 북청의 사과나무와 연변의 배나무를 접목시켜 만들어낸 새로운 유형의 과일품종이다. 북한 및 러시아와 국경을 맞대고 있는 연변지역은 사과배와 같이, 다양한 문화를 수용하면서 새로운 문화를 창조할 수 있는 유리한 지리적 환경을 가지고 있다. 특히 2009년 이후 '장길도 선도구 개발계획'이 본격화되면서 연변지역의 지정학적 위치가 부각되고 있고, 조선족의 역할도 중요해지고 있다. 그런데 최근 연변조선족사회는 북경, 청도 등 내륙의 대도시와 한국으로의 이주가 증가하면서 인구가 감소하고 가족이 해체되는 등 여러 문제가 노출되고 있다. 또한 청장년층이 경제적인 이유로 이주하게 됨에 따라 농촌지역에서는 한족들의 유입이 증가하면서 점차 조선족 공동체가 해체되는 상황에 놓여 있다.[13]

② 과계민족의 개념 및 유형

세계에서 가장 많은 민족들이 살고 있는 국가 중의 하나인 중국의 2010년 제6차 인구조사 통계에 따르면, 전국 총인구 13억 7천만 명 중 한족인구가 91.5%를 차지하고, 55개 소수민족이 8.5%를 차지하고 있다.[14] 인구 면에서 볼 때 소수민족의 인구는 극히 적은 수이지만, 영토 면에서 보면 소수민족은 전체 국토의 64.3%를 차지하고 있으며, 그 지역은 풍부한 자연자원을 가지고 있다. 특히 55개 소수민족 중 36개 소수민족이 과계민족이어서 변경국가와의 관계에서 직간접적인 영향을 주고받고 있다. 따라서 소수민족문제는 중국의 국가발전에 있어서 매우 중요한 문제로 인식되고 있다.[15]

---

13 http://www.worldkorean.net/news/articleView.html?idxno=8737(검색일: 2013. 10. 15)

14 http://www.stats.gov.cn(검색일: 2013. 10. 15).

15 중국은 헌법과 민족구역자치법 등에서 소수민족에 대한 우대 정책을 명시하고 있다. 중국의 소수

중국에서 과계민족에 대한 개념은 1980년대 후반에 등장하였다. 이후 학계에서 과계민족에 대한 연구가 활발해지면서 점차 그 이론적 체계를 구축해 나가고 있다. 과계민족이란 같은 민족이지만, 장기간의 역사적 발전으로 인해 두 개 혹은 두 개 이상의 국가에 흩어져 살고 있으며, 민족거주지가 비록 정치적 혹은 경제적 원인으로 인해 분리되어 있지만 지리적으로 연결되어 있는 민족을 의미한다. 현재 과계민족은 '과경민족', '과국민족', '과국인민' 등 다양하게 정의되고 있다.[16] 왕젠민(王建民)은 "과계민족은 장기적 역사발전을 거쳐 두 개 혹은 많은 현대적 국가에서 거주하는 동일민족이고, '계'는 국경을 의미하는 개념"이라고 주장했다.[17] 그에 따르면, 과경민족에 대해 '경'은 국경선을 의미하며 과경이 바로 과계라고 보았다. '과경민족'보다 '과계민족'이라는 개념이 더 정확한 이유는 중국어에 '경'이 지역을 의미하는 것이기 때문에 지역을 걸친다는 것보다 경계를 걸친다는 것이 더 명확하기 때문이다. 거궁상(葛公尚)은 "과계민족이란 정치적 경계, 민족 거주 및 분포 불일치적 상황을 서술하는 개념"이라고 보았다.[18] 과계민족을 판단하는 데 있어서는 첫째, 최초의 상태에 있는 민족은 국경선에 의해 갈라지고 서로 다른 국가에 있는 동일한 민족이 되었다는 것, 둘째, 어떤 민족의 전통적 집거지가 정치적 경계선으로 갈라지지만 지리적으로 같은 지역으로 인식하는 동일한 민족이라는 것이다. 후치왕(胡起望) 역시 과계민족의 가장 기본적 특징을 최초 상태 민족 자체 및 민족의 전통적 집거지가 국가의 정치적 경계선으로 갈라지고 지리적으로 연계되었지만 서로 다른 국적을 갖고 있는 동일한 민족이라고 보고 있다.[19]

민족정책을 간단히 요약하면, 소수민족의 독립을 허용하지 않는 대신에 소수민족이 거주하고 있는 지역에 한정하여 자치구(주)를 인정하고 있다. 민족자치정책은 소수민족이 해당 지역에서 자신들의 고유한 전통문화예술을 향유하고, 계승·발전시키는 원동력이 되고 있다.

16 王向然, "中國跨界民族狀況及其形成", 『許昌學院學報』, 第31卷 第4期(2012), p. 104.

17 金春子·王建民, 『中國跨界民族』(北京: 民族出版社, 1994).

18 葛公尙, "試析跨界民族的相關理論問題", 『民族研究』, 6(1999).

다민족국가인 중국은 다양한 과계민족을 형성하고 있다. 2013년 현재 중국의 56개 민족 중 36개 과계민족이 있으며,[20] 그 인구규모는 6천600만 명에 이른다.[21] 아래 〈표 3.10〉은 중국의 주요 과계민족의 지역별 분포 현황을 정리한 것이다.

표 3.10 중국 과계민족의 지역별 분포 현황

분포지역	민족	과계 국가	중국내 주요 집거지	인구수 (명)
동북 및 북방지역	몽골족 (蒙古族)	중국, 몽골, 러시아	내몽골자치구 및 동북3성, 신강위구르족 자치구, 하북, 청해 및 북경시, 하남, 사천, 귀주, 운남 등	2,200,000
	조선족 (朝鮮族)	중국, 북한, 러시아	길림성 연변조선족자치주, 장백산조선족자치현, 흑룡강성, 요녕성 등	1,923,842
	오원커족 (鄂溫克族)	중국, 러시아, 몽골	대흥, 안령 및 후룬베이얼 초원(내몽골지역)	30,505
	혁철족 (赫哲族)	중국, 러시아	흑룡강성 지역	10,000
	오르죤족 (鄂倫春族)	중국, 러시아	내몽골, 흑룡강성 지역	8,196
서부 및 서북지역	위구르족 (維吾爾族)	중국, 러시아, 몽골, 카자흐스탄, 우즈베키스탄, 키르기스스탄 등	신강위구르자치구, 호남성	8,399,393
	카자흐족 (哈薩克族)	중국, 몽골, 카자흐스탄, 러시아, 우즈베키스탄	신강지역	1,250,458

19 胡起望, "跨境民族探討", 『中南民族學院學報』, 4(1994).

20 王向然(2012), p. 104.

21 金春子, "中國的跨界民族", 『民族團結』, 제5期(1995), p. 22.

분포지역	민족	과계 국가	중국내 주요 집거지	인구수 (명)
	키르기스족 (柯爾克孜族)	중국, 러시아, 카자흐스탄, 키르기스스탄, 우즈베키스탄	신강위구르자치구	160,823
	타지크족 (塔吉克族)	중국, 타지크스탄, 러시아, 우즈베키스탄, 키르기스스탄	신강남서부지역	41,028
	우즈베키족 (烏孜別克族)	중국, 러시아, 우즈베키스탄, 카자흐스탄, 키르기스스탄 등	신강위구르자치구	12,370
	타타얼족 (塔塔爾族)	중국, 러시아, 카자흐스탄, 우즈베키스탄, 몽골 등	신강위구르자치구	4,890
	러시아족 (俄羅斯族)	중국, 러시아, 카자흐스탄, 우즈베키스탄 등	신강위구르자치구, 흑룡강성, 내몽골 등	15,609
남부 및 남서지역	티베트족 (藏族)	중국, 인도, 파키스탄, 네팔, 부탄	티베트자치구, 사천, 간쑤, 운남 등	5,416,021
	장족 (壯族)	중국, 베트남	광서장족자치구, 운남, 귀주 등	16,178,811
	태족 (傣族)	중국, 미얀마, 베트남, 라오스, 태국, 인도	운남시 쌍반나, 태족자치주 등	1,158,989
	포의족 (布依族)	중국, 베트남	귀주포의족자치주	2,971,460
	동족(侗族)	중국, 라오스, 베트남	귀주, 호남 및 광성 접경지역, 호북 등	2,960,293
	합니족 (哈尼族)	중국, 베트남, 라오스, 미얀마, 태국	운남성	1,439,673
	묘족(苗族)	중국, 베트남, 라오스, 미얀마, 태국	귀주, 호남, 운남, 광서, 호북, 사천, 광동, 해남 등	8,940,116 (귀주지역현황)
	요족(瑤族)	중국, 베트남, 라오스, 미얀마, 태국	광서장족자치구, 광동, 운남, 귀주, 해남 등	2,637,421

출처: 王向然, "中國跨界民族狀況及其形成,"『許昌學院學報』, 第31卷 第4期(2012), pp. 104-106의 내용을 재구성함.

이러한 과계민족은 크게 세 가지 유형으로 구분해볼 수 있다. 첫째, 거주국 양측이 모두 주류민족인 경우이다. 예를 들면, 현재 중동지역의 아랍국가들은 모두 아랍인으로 구성되었는데, 모두 같은 민족이지만 여러 국가에 흩어져 있고, 또한 국경도 인접해 있기에 과계민족에 속한다고 말할 수 있다. 둘째, 한 측은 주류민족이지만, 다른 한 측은 비주류민족인 경우이다. 대표적으로 중국과 카자흐스탄 양국에 거주하고 있는 카자흐족이 해당된다. 그들은 비록 카자흐스탄에서는 주류민족이지만, 중국에서는 소수민족의 위치에 있기에 과계민족이라고 할 수 있다. 마지막은 그 어느 국가에서도 주류민족이 아닌 경우이다. 중국과 베트남 양국 국경지역에 거주하고 있는 짱족(壮族)이 그 대표적 사례이다.[22]

(2) 조선족의 민족정체성과 문화접변

과계민족은 두 개 혹은 두 개 이상의 국가에 흩어져 거주하는 특수성을 가지고 있기에 정체성도 민족정체성과 국가정체성이 분리되는 양상을 띠게 된다. 다시 말해 과계민족은 다중정체성을 가지고 있다. 과계민족은 비록 분산민족이지만, 동일한 민족이기에 그 민족 구성원은 같은 민족 언어와 민족 문화를 기반으로 유사한 민족정체성을 형성한다. 그러나 다른 한편, 민족구성원은 또 서로 다른 국가에 귀속되어 있고, 상이한 국적을 소지하고 있기에 국가정체성도 다르게 나타난다. 과계민족 대부분은 민족정체성과 국가정체성이 분리되어 충화되는 경향을 보인다. 거주국의 민족정책이 포용적 · 안정적이며, 그들의 경제 및 사회적 지위 향상에 도움이 될 때, 과계민족의 민족정체성과 국가정체성은 통일되는 경우가 많다. 그러나 거주국 정책이 차별적 · 배타적이며, 민족이익과 국가이익이 충돌되어 갈등이 발생할 경우, 과계민족의 민족정체성은 국가정체성보다

22 汪樹民, "論跨界民族及跨界民族問題", 『西南科技大學學報』, 第29卷 第2期(2012), p. 14.

더 강하게 나타나는 경우가 대부분이다. 과계민족 내부의 정체성이 강화될수록 거주국 국가정체성은 약화될 것이며, 이러한 균형이 파괴될 경우, 과계민족과 거주국 사이에는 충돌이 야기될 것이고 심지어 분리될 가능성도 있다.[23]

과계민족으로서 조선족은 한반도와 지리적, 혈연적으로 밀접한 관계가 있는 곳에 거주하고 있는 특성상 남북한의 정치 · 경제 · 사회 · 문화적으로 긴밀한 관계에 있다. 따라서 조선족은 국경을 마주하고 있는 남북한과 교류과정에서 갈등이나 외교적 마찰이 발생하기도 하지만, 다른 한편으로는 언어와 풍습, 생활문화가 비슷한 사람들 간의 교류가 활발히 이루어지면서 민족적 의식을 자극시키는 계기가 된다.[24] 이러한 맥락에서 조선족은 중국의 과계민족 중 정치적 분리 독립을 추구하는 신강위구르족과 티베트장족, 내몽고족과는 다른 양상을 보여준다. 즉 이들 세 민족들은 대표적으로 분리독립을 위한 저항운동을 지속적으로 전개하고 있다. 3개 소수민족의 저항운동은 한족의 부 · 권력 독점에 대한 불만과 차별대우에 대한 반감이라는 공통적인 배경도 있지만, 각각의 정체성에 기반한 요인도 중요한 배경이 되고 있다.[25] 예를 들어, 티베트장족의 분리독립운동은 종교갈등이 큰 원인이 되고 있으며, 신강위구르족은 중국 중앙정부에 대한 역사적인 증오감과 한족의 신강 진출에 대한 위기의식을 느끼면서 이슬람 세력을 중심으로 독립운동을 전개하고 있다. 내몽고 자치구는 티베트장족이나 신강위구르족에 비해 비교적 유화적인 상태이지만 한족의 멸시와 중앙정부의 에너지자원 확보를 위한 무분별한 개발에 반감을 가지고 있다.

이에 비해 조선족은 국경을 마주하고 있는 남북한과 러시아 간의 다양

---

23 劉稚, "跨界民族的類型、屬性及其發展趨勢", 『云南社會科學』, 第5期(2004), pp. 92-93.

24 김재기, "중국 조선족의 과계민족적 특성과 북한 및 통일관", 『한국동북아논총』, 제38집(2006), pp. 188-189.

25 http://파인뉴스.kr/read.php3?no=22248&read_temp=20131028&section=32(검색일: 2013. 12. 13.)

한 부문에서의 교류협력이 이루어지는 요충지로서의 지리적 특수성을 지니고 있다는 점에서 다중적 존재로서의 정체성을 확립해가고 있다.[26] 또한 1980년대 개혁개방 이후에는 중국 내륙의 대도시나 연해지역으로 이주해 가거나, 한국을 비롯한 미국, 일본, 유럽, 러시아 등 초국가적인 글로벌 이주를 경험하고 있다는 점에서 차이를 보이고 있다. 이러한 초국적 이주는 조선족의 민족의식을 약화시키기도 하지만 타 민족과의 접촉과 충돌에서 자체민족의식을 깨닫게 되면서 민족정체성이 강화되는 계기가 되고 있다.[27]

① 조선족의 민족정체성 특성

아래 〈표 3.11〉은 조선족의 민족정체성에 대한 기술적 통계 결과이다. 전체 평균을 보면, 민족의식과 민족문화 모두 3.34로 동일하게 나타났다. 민족의식 항목 중에서는 '한민족의 자손인 것에 긍지를 가지고 있다'의 평균이 3.49로 가장 높은 것으로 조사되었으며, '한민족의 전통문화에 대해 잘 알고 있다'의 평균이 3.19로 상대적으로 낮은 것으로 나타났다. 민족문화 항목에서는 '한민족의 음식이 더 좋다'의 평균이 3.48로 가장 높게 나타났으며, '한민족의 노래를 듣고 부른다'의 평균이 3.14로 가장 낮은 것으로 조사되었다.

---

26 중국조선족의 정체성에 관한 담론은 중국 국민정체성을 강조한 '100% 조선족'과 디아스포라 성격을 강조한 '이중정체성', 그리고 이중문화성격을 반영한 '변연문화론' 등이 있다(강수옥, "중국조선족의 역사적 형성과 정체성", 『디아스포라연구』, 제7권 제2호(2013), p. 94). 이러한 조선족의 정체성 담론은 조선족이 한반도와 중국이라는 양대 문화체계 사이에서 어떻게 살아나갈지에 대한 전략적 선택의 문제라는 인식에서 어떠한 부분을 강조하느냐에 따라 각기 달리 나타난다(박동훈·안화선, "중국조선족의 초국가적 활동과 한반도: 디아스포라의 초국가적 성격에 관한 시각을 중심으로", 『평화학연구』, 제13권 1호(2012), p. 185). 허명철은 조선족의 민족정체성담론은 한중수교 이후 조선족의 한국나들이를 통해 동일민족 간의 문화적 차이를 느끼게 되면서 민족에 기반한 정체성의 회의를 가지게 되었고, 조선족인구의 지속적인 감소와 초국적인 인구이동에 따른 조선족 사회의 현실적 위기에서 비롯되었다고 본다(허명철, "조선족 정체성 담론", 『중앙사론』, 36집(2012), p. 453).

27 정희숙, "조선족 문화변동과 문화정체성", 『역사문화연구』, 제35집(2010), p. 575.

표 3.11 민족정체성에 대한 기술적 통계량

측정 항목		N	평균	표준편차	최소치	최대치
민족의식	한민족의 자손인 것에 긍지를 가지고 있다	172	3.49	1.111	1	5
	한민족의 전통문화에 대해 잘 알고 있다	172	3.19	1.061		
	조선족에 대한 강한 귀속의식을 가지고 있다	172	3.23	.987		
	한민족의 일원인 것에 자부심을 가지고 있다	172	3.45	.993		
	한민족의 역사에 대해 잘 알고 있다	172	3.49	.958		
	조선족 및 조선족사회에 대해 자주 이야기한다	172	3.20	1.001		
전체		172	3.34	.886		
민족문화	한민족의 노래와 춤을 좋아한다	172	3.34	1.094		
	한민족의 노래를 듣고 부른다	172	3.14	1.061		
	한민족의 음식이 더 좋다	172	3.48	1.062		
	한민족의 음식을 자주 해 먹는다	172	3.38	1.061		
전체		172	3.34	.783		

② 조선족의 민족정체성과 문화접변 관계 분석

연변조선족의 민족정체성(민족의식, 민족문화)과 문화접변 간의 상관관계분석을 통하여 각 변수들 간의 상호관련성 정도를 파악했다. 인구사회학적 특성과 민족정체성 및 문화접변 간의 관계를 살펴보면, 연령이 많을수록 민족정체성(민족의식)이 강하고, 주변화되지 않은 경향이 있다. 학력이 높을수록 민족정체성(민족문화)이 강하고, 통합되는 경향이 있다. 그리고 연길 이외의 지역에서 태어난 사람은 주변화되지 않은 경향이 있으며, 체류기간이 짧을수록 민족정체성(민족의식)이 강한 경향이 있다. 기혼자는 주변화되는 경향이 있으며, 미혼자는 동화되는 경향이 있는 것으로 나타났다. 성별은 민족정체성과 문화접변과 상관관계가 없는 것으로 나타났으며, 출생지역과 결혼여부는 민족정체성과 상관관계가 없는 것으로 조사되었다. 다음으로, 민족정체성과 문화접변 간의 상관관계는 민족정체성 중 민족의식

표 3.12 민족정체성과 문화접변 간 상관관계 분석 결과

구분		인구사회학적특성						민족정체성		문화접변			
		성별	연령	학력	출생지	체류기간	결혼	민족의식	민족문화	주변화	동화	통합	분리
인구사회학적특성	성별	1	-.035	-.008	-.063	.069	-.092	-.048	.110	.032	-.026	-.028	-.068
	연령	-.035	1	-.328**	.259**	.123	-.574**	.160*	-.121	-.206**	.107	-.016	-.033
	학력	-.008	-.328**	1	.052	-.042	.024	.087	.154*	.099	.004	.213**	.110
	출생지	-.063	.259**	.052	1	-.653**	-.285**	.087	-.066	-.173*	-.061	.009	-.001
	체류기간	.069	.123	-.042	-.653**	1	-.028	-.158*	-.120	.073	.033	-.017	.040
	결혼	-.092	-.574**	.024	-.285**	-.028	1	-.069	-.018	.184*	-.152*	-.053	.073
민족정체성	민족의식	-.048	.160*	.087	.087	-.158*	-.069	1	.531**	-.110	.014	.393**	.142
	민족문화	.110	-.121	.154*	-.066	-.120	-.018	.531**	1	.092	-.117	.135	.176*
문화변용	주변화	.032	-.206**	.099	-.173*	.073	.184*	-.110	.092	1	-.171*	-.225**	-.040
	동화	-.026	.107	.004	-.061	.033	-.152*	.014	-.117	-.171*	1	.256**	-.161*
	통합	-.028	-.016	.213**	.009	-.017	-.053	.393**	.135	-.225**	.256**	1	.260**
	분리	-.068	-.033	.110	-.001	.040	.073	.142	.176*	-.040	-.161*	.260**	1

주: *:p<.05, **:p<.01

이 강할수록 통합되는 경향이 있고, 민족문화가 강할수록 분리되는 경향이 있는 것으로 나타났다. 요컨대, 중국조선족은 연령, 학력, 체류기간과 민족정체성 간 상관관계가 있으며, 연령, 학력, 출생지역, 결혼여부와 문화접변 간 상관관계가 있다. 또한 민족정체성과 문화접변 간의 상관관계가 있음을 알 수 있다.

그리고 연변조선족의 민족정체성, 즉 민족의식과 민족문화가 문화접변 전략에 미치는 영향을 검증하기 위해 다중회귀분석을 실시하였다. 아래의 자료는 통계적으로 유의미한 결과만을 정리, 제시한 것이다. 먼저, 민족의식이 통합유형을 설명하는 회귀모형은 적합한 모형인 것으로 나타났다.

표 3.13 통합유형에 대한 민족정체성의 단계적 회귀분석 결과

예측변인	비표준화계수		표준화 계수	df	t	공선성 통계량	
	B	SE	β			공차	VIF
상수	2.381	.262		169	9.100***		
민족의식	.449	.083	.447	169	5.385***	.719	1.392
민족문화	-.091	.074	-.102	169	-1.231	.719	1.392
$R2=.162$, 모형적합도 $F=28.994$, $p<.01$							

주: $^{**}p<.01$, $^{***}p<.001$, B: 비표준화회귀계수, SE: 표준오차, β: 표준화회귀계수

〈표 3.13〉에서 보는 바와 같이, 민족정체성의 하위 유형 중 민족의식이 문화접변 전략 중 통합유형에 영향을 미치는 것으로 나타났다. 다시 말해, 연변조선족의 민족의식이 높을수록 조선족은 통합전략을 취하는 경향이 높다는 것이다.

다음으로 민족의식은 주변화유형에도 영향을 미치는 것으로 나타났다. 즉 민족의식이 높을수록 조선족은 주변화 경향을 갖지 않는다는 것이다.

요컨대, 연길시에 거주하고 있는 조선족은 베리의 문화접변 전략에서 통합유형의 성향이 강한 것으로 나타난 바와 같이, 향후 연변조선족사회는 다원적 문화가 공존하는 연변지역의 지리적 특수성을 적극적으로 활용할 필요성이 있다. 연변조선족들은 민족집거지 형성 및 민족자치를 구현하고 있을 뿐만 아니라 다민족문화를 상시적으로 접촉하고 있다. 그들은 '연변사과배'와 같은 새로운 문화를 창조할 수 있는 유리한 조건들을 가지고 있다. 그러나 최근 조선족사회의 해체 징후들이 지속되면서 조선족의 민족정체성 위기, 나아가 민족공동체의 해체를 촉발시키는 상황에 직면해 있다. 이 연구결과는 이러한 위기를 극복하기 위한 방안으로 통합전략의 관점에서 조선족의 민족정체성 정립이 중요하다는 점을 시사한다.

따라서 연변조선족사회는 연변의 지리적 특수성을 활용하여 북한과 러시아, 그리고 한국과 경제, 사회문화적 차원의 교류협력을 활성화하는

표 3.14 주변화유형에 대한 민족정체성의 단계적 회귀분석 결과

예측변인	비표준화계수		표준화계수	df	t	공선성 통계량	
	B	SE	β			공차	VIF
상수	1.967	.295		169	6.673***		
민족의식	-.234	.094	-.221	169	-2.494**	.719	1.392
민족문화	.196	.083	.210	169	2.363**	.719	1.392
R2=.044, 모형적합도 F=5.586, p<.01							

주: **p<.01, ***p<.001, B: 비표준화회귀계수, SE: 표준오차, β: 표준화회귀계수

방안을 적극 모색해야 할 것이다. 특히 경제적 차원에서, 중국 · 북한 · 러시아 간 삼각무역을 활성화시켜 동북아무역의 중심축으로 성장할 수 있는 프로그램 개발이 중요하다. 이러한 과제는 연변조선족사회의 지속적인 발전과 함께 중국의 대도시 및 한국을 포함한 세계 각국에 나가있는 조선족 노동자들을 귀환하게 할 수 있는 매우 유용한 방법이 될 것이다.

2. 민속문화 향유와 정체성

1) 조선족의 민속문화 생활

세시풍속은 1년을 주기로 사계절의 일정한 날에 관습적, 주기적, 의례적으로 되풀이되는 행동양식과 생활행위를 일컫는 것으로 일련의 연중행사를 말한다.[28] 중국조선족의 전통 세시풍속은 대체로 지난날 한반도의 세시풍속과 비슷하다. 다만 한족의 세시풍속의 영향과 시대의 발전으로 많은 부분에서 변화를 보이고 있다. 조선족의 세시풍속의 변화, 발전과정

28 장윤수, 임채완 외. 『재외한인의 문화생활』, 북코리아, 2006, p. 132.

을 살펴보면 10년 동란시기 이전에 사람들을 전통적인 세시풍속, 특히 전통명절은 사회적으로 소외되었다. 이러한 상황을 변화시키기 위해 2005년 3월 31일에 국무원 판공청에서는 "우리나라의 무형문화재를 보호하는 사업을 강화할 데 관한 의견"을 반포하고 전국적 범위 내에서 전통명절을 포함한 무형문화재에 대한 조사, 신청 사업을 추진하기 시작했다. 2007년 12월에 국무원에서는 제513호령과 제514호령을 반포하여 2008년 1월 1일부터 선달 그믐날밤, 청명, 단오, 중추(추석) 등 4개 전통명절을 춘절(음력설)과 같이 휴가일이 있는 전통명절로 지정하였다. 다른 한편, 최근에 들어서 특정 지방에서는 민속문화를 관광업과 결부시키는 방침을 채택하여 유

표 3.15 조선족의 세시풍속

월	주요 행사명
1월(정월)	설, 정월보름, 쥐날(정월 첫 번째 쥐날, 쥐불놀이), 입춘방, 소날
2월	머슴날(2월 1일, 구럭닭이날), 영등제사
3월	삼짇날(3월 3일) (연변지역에서 일 년에 두 차례 들놀이 실시: 4월달, 음력 8월)
4월	연등회(4월 8일), 관등놀이, 화전놀이 (요녕성 관전현일대의 평안도사람들은 대감, 마을, 세인 등 삼신에게 제사 지냄-팔일놀이)
5월	수리날(단오, 5월 5일)
6월	복일(초복, 중복, 말복), 유두절(6월 15일)
7월	칠석, 백종절 (로인절: 1982년 8월 15일(양력) 용정시 동성용진 "8.15동북해방경축모임" 이후 연변의 로인절로 지정)
8월	추석
9월	중양절(9월 9일)
10월	상산제
11월	동지
12월(섣달)	랍일 행사, 조왕신

출처: 천수산, 『중국 조선족 풍속』, 민족출판사, 2008, pp. 30-324의 내용을 정리함.

두절(음력 6월 15일), 백종절(음력 7월 15일) 같은 오랫동안 사람들에게 망각되었던 전통명절을 회복시킴으로써 전통명절의 계승발전에 새로운 면모가 나타나게 되었다.[29]

(1) 민족명절

중국조선족의 민족문화 향유를 알아보기 위해 명절, 민속놀이, 전통옷(한복), 통과의례, 민족음악 등을 중심으로 설문조사 결과를 살펴보면 다음과 같다. 먼저, 중국조선족의 전통명절은 (음력)설, 정월보름, 한식, 청명, 단오 유두절, 백종절, 추석, 동지 등이 대표적이다.

아래 〈표 3.16〉에 의하면, 중국조선족들은 우리 민족의 고유한 전통명절 중 현재 가정에서 지내고 있는 명절로 설날(23.5%)을 가장 많이 꼽았다. 다음으로 추석(20.1%), 정월 보름(18.3%), 단오(15.8%), 동지(14.4%), 한식(7.8%) 순으로 나타났다. 이러한 사실은 중국조선족들은 아직까지 우리 민족의 고유한 전통명절을 잊지 않고 유지하고 있음을 알 수 있다.

설은 음력 정월 초하루를 의미하며, 정월단, 세수, 년수, 정초, 구정 등 여러 가지 용어로 불리고 있다. 설 명절 직전이 되면 외지에 나가 있는 자식들은 모두 부모에게로 돌아온다. 설날 아침에 첫 행사로 4대 조상에게 제사를 지내는데, 이것을 차례라고 한다. 한국에서 차례는 일반제사와 세 가지 측면에서 다르다. 첫째, 일반제사는 여러 가지 경우가 있고 차례는 명절날에만 지낸다. 둘째, 일반제사의 음식은 국과 밥을 놓지만 차례에는

표 3.16 조선족의 전통명절 향유(중복응답, N(%))

설날	정월 보름	한식	단오	추석	동지
169(23.5)	132(18.3)	56(7.8)	114(15.8)	145(20.1)	104(14.4)

29 천수산, 『중국 조선족 풍속』, 민족출판사, 2008, pp. 302-303.

놓지 않는다. 셋째, 일반제사는 술을 석 잔 따르지만 차례는 술을 한 잔만 따른다. 그러나 중국조선족들은 이러한 구별이 없이 차례도 일반제사와 마찬가지로 지낸다. 평안도와 함경도 사람들은 흔히 날 밝기 전 자시경에 차례를 지내고, 기타 사람들은 날 밝은 뒤에 지낸다. 차례음식은 떡국, 설기떡, 송편, 곶감 등을 놓는다. 한족들이 절대다수를 차지하는 집거지구의 농촌이나 향진에서 살고 있는 조선족들은 한족들의 영향으로 음력설용으로 돼지를 한 마리 길러 설 무렵에 잡거나 시장에 나가 돼지고기를 사서 설과 보름기간에 먹는다. 설날의 대표적인 음식은 떡국이지만, 연변지역을 비롯한 함경도 출신 조선족들이 많이 살고있는 지방에서는 떡국보다 찰떡을 먹는 것이 일반적이다. 경상도 출신 조선족들은 주로 설날에 만둣국을 먹는데 만두를 따로 만들지 않고 한족식 죠즈를 싸서 고깃국에 넣고 끓여 먹는다. 압록강유역에서 살고 있는 평안도 출신 조선족들은 메뿌리가루에 쌀가루를 섞어서 만든 메뿌리설기떡을 설날의 특별음식으로 먹는다. 설날의 전통적인 민속놀이는 연띄우기, 널뛰기, 쥐불놀이, 농악놀이 등이 있다.[30]

추석은 음력 8월 15일을 말하며, 가위날, 한가위날, 추석, 가배일, 중추절 등으로 부른다. 추석의 주요 행사로는 조상들께 제사를 지내는 것과 여러 가지 민속놀이가 있다. 8월 보름에 조상에게 제사 지내는 풍속은 한반도의 가락국시기부터 형성되었으며, 한민족의 선인들은 오래전부터 명절 제사 가운데서 추석제사를 가장 중시해왔다. 특히 명절 제사 가운데 한식(청명)제사와 추석제사를 특별히 중시하는 풍속은 지금도 중국조선족들에게 그대로 전승되고 있다. 추석날이 되면 먼저 4대 조상에게 차례를 지내고, 아침식사를 마친 뒤에 산소에 가서 벌초를 하고 제사를 지낸다. 이날 조상에게 드리는 제사에 차리는 음식은 햇곡식으로 만든 음식이며 과일도

30 천수산(2008), pp. 325-328.

했것이다. 추석의 대표적인 음식은 소고기국과 송편이다. 추석은 5월 단오와 마찬가지로 민속체육경기와 민속놀이를 다양하게 벌이고 있다. 민속체육경기로는 씨름, 그네, 널뛰기, 활쏘기 등이 있고 민속놀이에는 닭싸움, 소싸움이 있다.[31]

정월 보름은 음력 정월 15일을 말하며, 정월 보름, 대보름, 상원절[32]이라 부른다. 정월 보름은 정월 14일부터 시작하여 16일까지 진행한다. 14일은 작은 보름이라 한다. 압록강과 훈강 일대에 살고 있는 평안도 출신 조선족들은 액을 물리친다 하여 왼새끼를 꽈서 대문, 창고문, 출입문의 문고리에 매놓으며, 연변지역의 함경도 출신 조선족들은 황토를 물에 풀어 한자로 춘첩 비슷한 글귀를 써서 대문, 창고문과 가대기 같은 중요한 농기구에 붙여 새해의 길복을 기원한다. 길림성 집안시와 요녕성의 환인현, 관전현 등에 살고 있는 평안도 출신 조선족들은 정월 14일에 명절을 쇠고 15일에는 일을 하는 풍속을 갖고 있다. 평안도지역은 본래 조선 남부 혹은 중부지역의 사람들이 평안도로 이주하여 정배살이를 하면서 천민으로 되었다고 한다. 당시 관청과 양반들은 정배살이를 하는 천민들과 같은 날에 명절을 쉴 수 없다 하여 그들을 14일에 명절을 쇠게 하고 15일에는 밥을 아홉 그릇 먹고 나무를 아홉 짐을 하게 하였다는 것이다. 정월 보름날 아침밥을 지을 때 길림성 영길현 강밀봉진에 사는 강원도와 경상도 출신 조선족들은 싸리나무로 불을 땐다. 이것은 싸리의 발음이 쌀과 비슷하므로 쌀이 많아짐을 상징하는 것에서 유래된다. 연변지역에 살고 있는 함경도 출신 조선족들은 참나무로 불을 때는데, 불덩이 12개를 끄집어내어 부뚜막에 한 줄로 놓는다고 한다. 첫 번째 불덩이를 1월 달로 하고 나머지는 배열된 순서에 따라 어느 달이라 정한다. 이때 어느 불덩이의 불이 꺼져서

31 천수산(2008), pp. 353-355.

32 상원(上元)은 도교의 명절 명칭으로서 7월 15일을 중원(中元)이라 하고, 10월 15일을 하원(下元)이라 부른다.

사진 3.1 연길시 부르하통강 달집태우기

숯이 되면 해당되는 달에 장마가 진다고 한다. 보름날에 설떡이 좋다 하여 설날에 만들어두었던 떡을 먹으며 반찬으로는 산나물채를 빼놓지 않고 먹는다. 내몽골 울라호트시에 있는 조선족 여성들은 아침에 아주까리 잎으로 밥을 싸먹는 풍속이 있는데, 그해 꿩알을 많이 줍는다고 한다. 보름날 아침에는 남녀노소를 막론하고 귀밝이술을 마시며, 대표적인 음식은 찰밥 혹은 오곡밥을 지어 먹는다. 정월 보름에 하는 민속놀이는 줄다리기, 망월, 달집태우기, 놋다리밟기, 고싸움놀이, 차전, 석전, 나무쇠싸움, 횃불싸움, 연띄우기, 윷놀이, 다리밟기 등이 있다. 이 중 중국조선족이 하는 민속놀이에는 성주풀이, 망월(달맞이), 다리밟기, 얼음판뒹굴기, 윷놀이, 횃불싸움, 연띄우기, 줄다리기 등이 있다.[33]

단오는 음력 5월 5일을 말하며, 수릿날, 술의날, 수레날, 술기날, 수뢰날, 천중절, 중오절, 단양 등 다양한 이름이 있다. 단오는 설날, 한식, 한가위와 함께 한민족의 4대 명절이다. 단오는 더운 여름을 맞기 전의 초하의 계절이다. 단오의 풍속 및 민속놀이에는 창포에 머리감기, 쑥과 익모초 뜯

33 천수산(2008), pp. 329-334.

기, 부적 만들어 붙이기, 대추나무 시집보내기, 부채 선물하기 등의 풍속과 그네뛰기, 씨름, 석전, 활쏘기 등과 같은 민속놀이도 행해지고 있다. 연변지역의 조선족 여성들의 1920년대에 단오절에 그네뛰기를 하는 광경을 묘사한 글을 보면 다음과 같다.

> 단오를 음력설보다 더 굉장하게 쉰다. 남녀노소 모두 새옷을 입는다. 남성들은 씨름판을 벌이고 여성들은 그네뛰기 시합을 한다. 매 마을마다 그네대를 세우고 온 마을 여성들이 모두 그네뛰기 놀이에 참가하게 한다. 그 광경은 실로 가관이다. 5월 4일부터 6일까지 각 마을 여성들이 서로 오가며 그네구경을 한다. 남자들은 씨름판이 끝나면 한데 모여 앉아 술을 마시지만, 여성들은 계속 그네뛰기 구경은 한다. 이것을 민간에서 여자들이 단오모임이라 한다.[34]

백종절은 음력 7월 15일을 말하며, 백중절, 망혼일, 중원이라고도 한다. 백종이란 이 시기에 과일과 채소가 많이 나기 때문에 백 가지 제물을 차린다고 하여 나온 말이다. 백중절이 되면 많은 사찰과 무교인 집에서는 조상을 위하여 제를 올리기 위하여 많은 사람들이 찾아온다. 이것을 무교는 백중맞이, 불교는 우란분재라고 한다.우란분재는 승려들이 사찰에서 재를 올려 부처님께 공양을 하는 것을 말한다. 신라와 고려 때부터 우란분재를 해왔다. 일반 민가에서는 조상의 사당에 새로운 과일과 음식을 천신드리고, 술과 고기를 먹고 마시며 술과 노래와 춤으로 하루를 즐겼다. 머슴을 둔 집에서는 이날 하루 머슴들을 푹 쉬게 하고 시장에서 물건을 사거나 음주 가무를 하면 홍겹게 놀게 한다. 그래서 백종일을 전후하여 여러 곳에서 씨름판이 벌어지거나 광대놀음이 성행했다. 그리고 그해 농사를 가장 잘 지은 머슴을 소나 가마에 태운 후 거리를 돌며 홍겹게 놀기도 했다.[35]

---

34 천수산 편역, 『중국조선족 풍속 백년 - 상』, 료녕민족출판사, 2011, p. 33.

사진 3.2 용정시 개산툰진 광소촌 어곡전

중국조선족의 백종절은 길림성 용정시 개산툰진 광소천에서 2007년부터 백종절 경축 활동을 벌이고 있다. 특히 광소촌은 과거 임금에게 진상하는 '어곡미'를 생산하는 지역적 특성에 따라 2007년부터 백종절에 농부절 축제를 개최하고 있다. 농부절축제는 길림성 비물질문화유산에 등록되었고, 이 축제 때 공연되는 농악무는 세계비물질문화유산에 등록되었다.[36]

이와 같은 중국조선족의 전통적인 명절 이외에 3 · 8 부녀절, 5 · 1 노동절, 5 · 4 청년절, 6 · 1 아동절, 8 · 15 노인절, 9 · 3절 연변조선족자치주 성립기념일, 10 · 1 국경절 등이 있다. 3 · 8 부녀절은 세계 여성의 날을 말하며, 5 · 4 청년절은 중국 청년의 전통명절이며, 6 · 1 아동절은 전 세계

35 플러스코리아 타임즈, 2013/08/24.

36 길림신문, 2014/08/10.

아동의 생존권, 보건권, 교육권 등을 보장하고 아동의 생활 개선을 위해 제정되었다. 8·15 노인절은 1984년 8월에 연변조선족자치주 노인협회가 정식으로 설립되고, 8월 15일을 연변의 노인절로 지정했다. 이 명절은 연변조선족자치주에만 있는 기념절이며, 중국에서 광복절을 기념하고 광복을 위해 고생하신 어르신들을 위해 법률로 규정하여 만든 명절이다.[37] 9·3절은 1952년 9월 2일 연변조선족자치구 성립을 기념하는 행사이다. 이 기념절은 중국 연변조선족의 최대 경사이며 축제이다.

(2) 민속놀이

중국조선족의 민속놀이는 대부분 한민족의 민속놀이를 전승하거나 어떤 것은 한족의 민속놀이를 수용한 것이 있으며, 어떤 것은 새로 창조한 놀이가 있다. 중국조선족의 민속놀이는 어린이들이 하는 놀이와 어른들이 하는 놀이로 나눌 수 있다. 어린이들이 주로 하는 민속놀이에는 제기차기, 딱지치기, 다마치기, 굴렁쇠돌리기, 못치기, 팽이치기, 썰매타기, 가마타기, 줄넘기, 연날리기, 공기놀이 등이 있다. 어른들이 하는 민속놀이에는 씨름, 그네뛰기, 널뛰기, 장기, 바둑, 윷놀이, 화토, 마작, 소싸움, 농악놀이 등이 있다. 또한 놀이의 목적에 따라 힘겨루기놀이, 지능겨루기놀이, 신체단련을 위한 놀이 등으로 구분할 수 있다.[38] 특히 중국조선족은 예로부터 체육운동을 즐겨 하였다. 대표적으로 씨름, 그네, 널뛰기 등과 같은 전통적인 체육 종목이 일반화되었다. 조선족은 명절에 체육경기를 하는 전통을 가지고 있다. 일제 식민시기에 조선족은 계급적 압박과 민족적 압박을 심하게 받았지만 민족의 전통적 명절을 이용하여 민간운동회를 열고 축구, 씨름, 그네, 널뛰기, 활쏘기, 줄다리기 등 여러 종목의 경기를 치렀다.[39] 대표적으로 조선족의 민속놀이 문화를 살펴보면 다음과 같다.

37 재외동포신문, 2010/08/16.

38 천수산(2008), p. 356.

사진 3.3 조선족의 민속놀이 - 씨름과 그네뛰기

씨름은 우리 민족 고유의 전통 스포츠이며, 중국조선족의 민속놀이 중 가장 남성적인 놀이이다. 1910년대 연변지역에서는 씨름을 진급 혹은 현급 경기대회의 경기 종목으로 편성했으며, 1948년부터는 주급 경기대회의 종목으로 정식 채택되었다. 1953년 11월에 천진에서 열린 전국 제1차 소수민족전통 체육운동회에서 조선족씨름을 최초로 경기종목에 채택했으며, 2006년에는 국가해당 부문에서 전국 소수민족운동회의 경기종목으로 정식 비준했다. 1960년대 이전까지 씨름은 단오와 같은 전통명절에 많이 하였으며, 우승을 한 사람에게 황소를 장려하는 것이 관습으로 되었다.[40] 그러나 씨름은 문화대혁명과 사회발전으로 인한 가치형태의 변화 등으로 조선족씨름은 점차 침체기를 겪게 되었다. 이러한 사실은 현재 연변조선족자치주에서 씨름을 체육활동으로 하고 있는 학교가 거의 전무하

39 장윤수, 임채완 외(2006), p. 108.

40 천수산(2008), p. 357.

다는 것에서도 확인할 수 있다.[41]

그네뛰기는 남성들의 대표놀이인 씨름과 쌍벽을 이루는 가장 여성적인 민속놀이 중의 하나이다. 그네뛰기는 음력 4월 초파일을 전후해서 5월 단오까지 주로 행해지며, 설날이나 추석 등과 같은 전통 명절에도 행해지는 대표적인 민속놀이이다. 중국조선족의 그네뛰기는 1920년대 초부터 운동대회의 경기종목으로 채택되기 시작했다. 1986년부터 그네뛰기는 전국소수민족운동회 경기종목으로 승급되었고, 2006년 5월 연변조선족의 그네뛰기는 국가급무형문화재로 등록되었다.[42]

널뛰기는 그네뛰기와 마찬가지로 조선족 여성들이 가장 즐기는 민속놀이이며, 이주초기부터 널리 보급되어 깊이 뿌리를 내리고 있는 놀이이다. 널뛰기는 2006년 3월에 국가급무형문화제에 정식 등록되었다. 조선족의 널뛰기의 동작에는 여러 가지가 있는데 그중에서 기본적인 다리동작의 예를 들면 다음과 같다. 첫째, 곧추뛰기(뛰어올랐을 때 두 다리를 곧추 펴고 뜀), 둘째, 굽혀뛰기(뛰어올랐을 때 두 무릎을 굽혀서 뜀), 셋째, 가위발뛰기(뛰어올랐을 때 두 다리를 앞뒤로 벌려 뜀), 넷째, 좌우벌려뛰기(뛰어올랐을 때 두 다리를 좌우로 벌려 뜀), 다섯째, 한다리붙여뛰기(뛰어올랐을 때 한 다리를 다른 한 다리 쪽에 붙여(앞, 옆) 비켜 뜀), 여섯째, 데사리(뛰어올라 몸을 한 바퀴 돈다), 일곱째, 중등꺾기(뛰어 올라올 때 두 다리를 앞으로 내뻗치면서 상체를 앞으로 한다), 여덟째, 공중회전뛰기(뛰어올라 공중회전 함) 등이 있다. 널뛰기의 경기방법은 두 도약자가 한 조가 되어 뛰는 형식으로 되어있고, 경기내용으로는 '줄뽑기'와 '표현'이 있다. 표현경기는 규정종목과 자유종목 두 가지로 나눈다. 먼저, 줄뽑기 경기는 제한된 시간(2분 혹은 3분) 내에 두 도약자의 발목에 맨실이 얼마나 풀려 올라갔는가를 측정하여 성적의 우수정도를 결정한다. 즉 두 도약자가 널을 뛰어 풀어올린 발목의 실의 길이를

41 인민넷, 2012/05/18.

42 천수산(2008), pp. 358-359.

사진 3.4 조선족의 널뛰기

재어 우수 정도를 결정한다. 표현경기에는 규정종목과 자유종목이 있다. 규정종목은 몇 가지 널뛰기동작을 규정하여 순서적으로 제한된 시간 내에 서로 연결하여 동작한다. 자유종목은 '자유표현'이라고도 한다. 손에 여러 가지 가벼운 기구(부채, 화환, 테, 끈)를 들고 동작하는데 여기에는 여러 가지 다리의 기본동작에다가 아름답고 다채로운 수구의 동작을 기교 있고 영민하게 한다. 일반적으로 표현에서는 자유종목을 한다.[43]

윷놀이는 전통적인 지력겨루기 놀이로서 역시 상당히 오랜 놀이 중의 하나이다. 윷놀이는 보통 설날이나 정월 보름 명절 때 많이 행해지고 있다. 윷놀이는 길림성급 비물질문화유산에 등재되어 길림시정부의 공식행사로 부상했다. 이 외에도 요녕성의 심양시, 흑룡강성의 하얼빈시 · 목단강시 · 오상시에서도 정월대보름 명절에 윷놀이 행사를 개최하고 있다.

---

43 인민넷, 2011/05/09

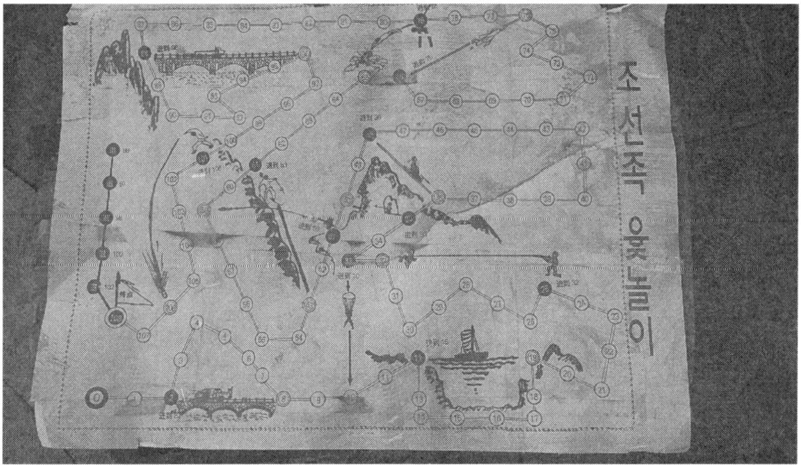

사진 3.5 중국조선족의 윷놀이 판

일부 지역에서는 3 · 8 부녀절에도 윷놀이를 행하고 있다. 흑룡강에서는 2013년에 조선족의 윷놀이를 성급 무형문화재로 지정하기도 했다.[44]

이와 같이 중국조선족들은 명절이나 기념절을 통해 다양한 민속놀이를 경험하면서 고유한 민속문화를 향유하고 전승하고 있으며, 지역 구성원들 간의 친목과 유대를 향상시키고 있다. 아래 〈표 3.17〉은 중국조선족의 민속놀이 향유 정도를 조사한 결과이다.

표 3.17 민속놀이(중복응답, N(%))

윷놀이	널뛰기	연날리기	줄다리기	그네뛰기	씨름	제기차기
137(12.2)	69(6.2)	82(7.3)	72(6.4)	87(7.8)	63(5.6)	121(10.8)
공기놀이	**팽이치기**	**강강술래**	**장기**	**화투놀이**	**딱지치기**	
86(7.7)	72(6.4)	28(2.5)	72(6.4)	141(12.6)	89(8.0)	

44 중국 흑룡강성에서 조선족 윷놀이를 성급 무형문화재로 지정하자 민속학자들을 중심으로 반발한 바 있다. 윷놀이의 유래는 정설은 없으나 고대 부여의 관직명인 저가, 구가, 우가, 마가, 대사에서 유래된 것이라고 하는 가설이 유력하다. 충북일보, 2014/01/21.

중국조선족들이 직접 경험해 본 민속놀이는 화투놀이(12.6%)와 윷놀이(12.2%)가 가장 많은 것으로 나타났다. 다음으로 제기차기(10.8%), 딱지치기(8.0%), 그네뛰기(7.8%), 공기놀이(7.7%), 연날리기(7.3%), 줄다리기 · 팽이치기 · 장기(6.4%), 널뛰기(6.21%), 씨름(5.6%), 강강술래(2.5%) 순으로 나타났다.[45]

(3) 인생의례

중국조선족의 인생의례에는 돌잔치, 결혼잔치, 환갑잔치, 진갑잔치, 고희연, 팔순잔치, 졸수연, 회혼례 등이 있다. 연변조선족의 돌잔치는 2008년에 길림성 무형문화재로 등록되었고, 조선족 전통혼례와 환갑의례는 2008년에 국가급 무형문화재로 등록되었으며, 회혼례는 2010년에 국가급 무형문화재로 등록되었다.[46]

〈표 3.18〉에서 보는 바와 같이, 중국조선족의 인생의례 향유는 결혼식, 돌 잔치, 환갑 잔치 등 주요 통과의례를 잘 지키고 있는 것으로 나타났다.

표 3.18 인생의례 향유 정도(N(%))

항목	돌	결혼식	환갑
지킨다	164(95.3)	168(98.2)	163(95.9)
안 지킨다	5(2.9)	3(1.8)	5(2.9)
잘 모르겠다	3(1.7)	-	2(1.2)

이 책에서는 돌잔치, 환갑잔치를 중심으로 서술하려고 한다. 돌잔치는 어린애가 출생하여 처음 맞이하는 생일을 말한다. 조선족의 전통적인 돌

45 이러한 조사결과는 장윤수, 임채완 외(2006, pp. 108-109)의 연구결과와 유사하게 나타났다. 그들의 연구에서는 화투놀이(93.7%), 윷놀이(88.0%), 제기차기(72.6%), 연날리기(53.1%), 줄다리기(49.1%), 그네뛰기(48.6%), 장기(46.3%), 공기놀이(45.1%), 씨름(38.9%), 팽이치기(37.1%), 널뛰기(33.1%), 강강술래(10.9%) 순이다.

46 천수산 편역, 『중국조선족 풍속백년 - 하』, 료녕민족출판사, 2011, p. 478.

축하 의례에는 삼신치성, 돌복차림, 돌잡히기, 돌떡분식 등이 있다. 이러한 의례는 시대에 따라 부동하며 지방에 따라 다소 차이가 있다. 돌잔치에서 핵심은 돌잡이다. 돌상에는 밥 세 그릇, 미역국 세 그릇을 놓고 팥, 쌀, 붓, 종이, 실, 돈 같은 것으로 차려 놓는다. 1950년대 이전에는 먹는 것과 무병하게 잘 자라는 것이 가장 큰 관심사였으므로 쌀, 실 같은 것을 놓았다. 길림성 장백조선족자치현에서 살고 있는 조선족들은 돌상에 입쌀 세 그릇, 냉면 세 그릇, 팥소를 넣은 송편 세 그릇을 놓으며, 기타 물건으로는 천자문, 필묵, 주산, 돈, 실 등을 놓는다. 연변지역에서는 돌상에 입쌀, 찰떡, 팥을 한 그릇씩 놓고 책, 연필, 주산 등을 놓는다. 요녕성 훈강일대에 살고 있는 평안도 출신 조선족들은 돌상을 차릴 때 음식과 물건을 밥상에 차리는 것이 아니라 가루를 치는 체 위에 무쇠가마 뚜껑을 번져서 놓고 그 위에 음식과 물건을 놓는다. 문화대혁명시기인 1966년부터 1976년까지에

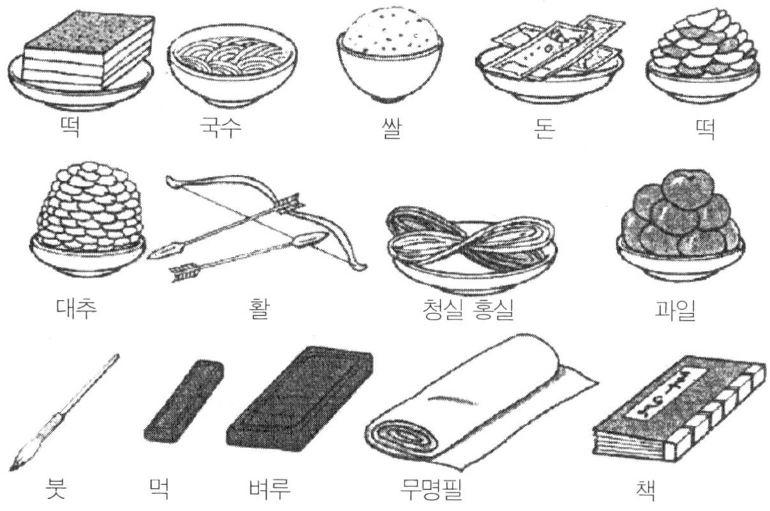

그림 3.1 조선족 돌잔치의 돌상[47]

는 돌잔치를 베푸는 것이 말썽거리가 되어 남들에게 알리지 않고 가까운 친척끼리만 모여서 간소하게 치렀다. 1980년대에 들어와서는 돌잔치를 하는 방식에 있어서 커다란 변화를 가져왔다. 대표적인 변화상을 보면, 도시에서는 돌잔치 축하 의례를 집에서 하지 않고 예식장에 가서 진행하고, 돌쟁이에게 금반지를 끼워주고, 서양식을 모방하여 생일케이크를 놓고, 돌잔치에 참가하는 사람들은 옷이나 실을 선물하는 것이 아니라 모두 현금을 선사한다.[48]

사진 3.6 조선족 돌잔치의 돌잡이

조선족의 환갑 잔치는 중화인민공화국 창건 이전에 생활형편이 넉넉한 가정에서는 환갑 잔치를 매우 중시했으나, 생활이 빈궁한 가정에서는 환갑을 쇠고 싶어도 할 수가 없었다. 1980년대 개혁개방 이후 전반적으로 생활 형편이 현저하게 나아지면서 환갑 의례에 대한 관심이 높아지기 시작하여 환갑을 축하하는 것이 보편적인 풍속으로 되었다. 보통 1990년대까지 환갑 잔치는 환갑인의 집 마당에서 거행되었다. 2000년대 이후에는

사진 3.7 1990년대 환갑 잔치

---

47 최호 편저, 『가정보감』, 홍신문화사, 1992, p. 342. 천수산(2006), p. 144에서 재인용

48 천수산(2006), pp. 139-142.

호텔이나 예식장에서 환갑 잔치를 거행하고 있다. 아래의 두 사진은 이를 대변하고 있다.

조선족 환갑 잔치의 절차를 보면, 주례가 환갑잔치 시작을 선언하면 환갑인 내외가 아들, 며느리 등을 배동하고 입장한다. 환갑인 내외는 중간 위치에 환갑상을 마주하고 남좌여우로 앉는다. 주례로부터 환갑인의 이력을 소개하고 내빈 축사, 헌수를 한다. 헌수는 아들, 며느리와 자녀, 딸과 사위, 남동생과 제수, 사촌형제와 배우자 등의 순으로 진행한다.[49]

사진 3.8 조선족 환갑 잔치

사진 3.9 조선족 환갑잔치의 헌수

사진 3.10 조선족 환갑 잔치의 손님 상차림

49 천수산 편역(2011). pp. 479-480.

표 3.19 성묘 · 세배 · 제사 향유 정도(N(%))

항목	성묘	세배	제사
지킨다	130(76.9)	155(91.1)	149(88.2)
안 지킨다	24(14.2)	10(5.9)	13(7.7)
잘 모르겠다	15(8.9)	5(3.0)	7(4.1)

중국조선족의 성묘, 세배, 제사 의례 향유 실태를 보면 〈표 3.19〉와 같다. 조상에 대한 성묘는 전체의 76.9%가 지킨다고 응답했으며, 세배는 91.1%가 지키며, 제사는 88.2%가 지키는 것으로 나타났다. 이와 같이 중국조선족은 한민족의 고유한 정체성을 대표하는 민속문화들을 잘 지키는 것으로 볼 수 있다.

(4) 전통의상과 전통음악

① 한복

중국조선족의 한민족의 전통 의상이라 할 수 있는 한복의 착용 경험 실태를 살펴보면, 전반적으로 자주 입지 않는 것으로 나타났다. "지금까지 1-2회 정도 입었다"가 전체의 39.4%를 차지하였으며, "1년에 1-2회 정도 입는다"가 22.9%, "한 번도 입어 본 적이 없다"가 13.5%를 차지했다.

표 3.20 한복 착용 경험(N(%))

항목	빈도(비율)
한 번도 입어 본 적이 없다	23(13.5)
지금까지 1-2회 정도 입었다	67(39.4)
1년에 1-2회 정도 입는다	39(22.9)
행사 때마다 자주 입는다	40(23.5)
항상 입는다	1(0.6)

사진 3.11 중국조선족의 한복

중국조선족들은 한복을 주로 결혼식과 같은 집안 행사 때(61.7%), 명절 때(19.4%) 자주 입는 것으로 나타났다. 그 이외에 교회 행사(5.6%), 제사(3.6%), 축제(2.6%) 순으로 나타났다.

표 3.21 한복을 입는 경우(중복응답, N(%))

항목	빈도(비율)
명절	38(19.4)
제사	7(3.6)
축제	5(2.6)
결혼식, 집안 행사	121(61.7)
교회 행사, 외부 행사	11(5.6)
기타	14(7.1)

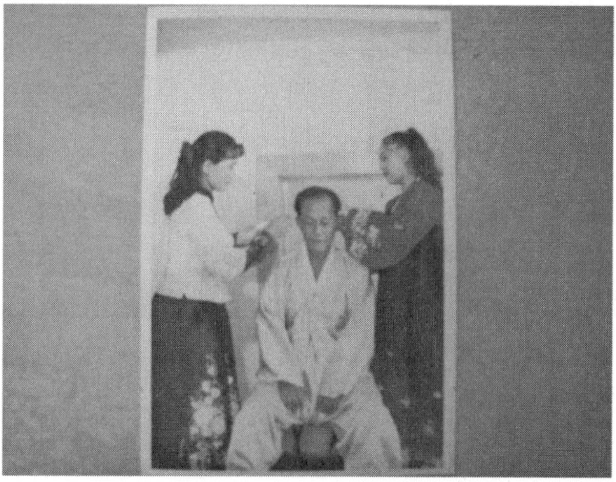

사진 3.12 중국 연길시 소화룡 마을 - 환갑잔치

② 전통 민족음악

연변조선족자치주는 중국조선족의 민족문화와 교육을 상징하는 지역적 특수성을 가지고 있다. 연변지역의 조선족들은 일상생활에서 춤과 노래를 즐기는 민족이며, 대중적으로 예술활동을 펼치고 있다.[50] 조선족의 전통 민족음악 향유 실태를 보면, 아리랑은 87.1%가 직접 부른 적이 있다

표 3.22 전통 민족음악 향유 정도(N(%))

항목	직접 한 적이 있다		들은 적이 있다	
	있다	없다	있다	없다
아리랑	148(87.1)	22(12.9)	162(94.2)	10(5.8)
판소리	57(33.9)	111(66.1)	128(75.3)	42(24.7)
농악	59(35.1)	109(64.9)	113(66.1)	58(33.9)
탈춤	23(14.1)	140(85.9)	115(68.0)	54(31.9)

50 장윤수, 임채완 외(2006), p. 113.

사진 3.13 중국조선족의 장고 체험

고 응답했으며, 판소리는 33.9%, 농악은 35.1%, 탈춤은 14.1%로 나타났다. 직접 참여하지는 않았지만 들어본 경험이 있는 경우에는 아리랑이 94.2%, 판소리가 75.3%, 농악무가 66.1%, 탈춤이 68.0%로 나타났다.

이러한 조선족의 전통 민족음악인 아리랑, 판소리, 농악 등은 중국의 국가무형문화재로 등록되기에 이르렀다. 연변조선족자치주의 아리랑은 2011년에 전통음악 분야에 국가급무형문화재[51]로 등록되었다. 현재까지 중국조선족의 국가급무형문화재 등록 현황을 보면 농악무, 환갑례, 전통혼례, 한복, 상모춤, 장고춤, 아리랑, 판소리, 조선족씨름, 연변의 추석, 김치 만드는 법 등이 있다. 특히 농악무는 2009년에 유네스코 인류무형문화재로 등재되었다.

---

51 중국은 2006년부터 국가급무형문화유산명록을 발표하고 있으며, 중국의 민간문학, 민속, 전통음악과 무용, 체육, 미술, 의약 등의 분야에서 중국의 무형문화재를 선정해오고 있다. 특히 2011년 제3차 국가무형문화유산에 191개 목록이 선정되었으며, 중국 내 소수민족의 유명 민요와 풍습을 자국의 무형문화재로 편입시켰다. 동북아신문, 2011/06/22.

2) 거주국의 민속문화 생활

(1) 중국의 민족명절

중국조선족들은 거주국인 중국의 민족명절을 얼마나 지키고 있을까? 조선족은 중국의 전통 명절 중에서 설날(20.9%)을 가장 많이 꼽았다. 다음으로 추석(18.1%), 정월 보름(17.2%), 청명절(15.9%), 단오(14.9%), 동지(13.8%) 순으로 나타났다. 중국조선족은 한식에 비해 청명절을 더 중시하고 있는 것으로 나타났다. 중국에서 청명절은 4대 명절[52]의 하나로서 국가 공휴일로 지정되어 있다.

표 3.23 중국의 민족명절(중복응답, N(%))

설날	정월 보름	단오	추석	동지	청명절
167(20.9)	134(17.2)	119(14.9)	145(18.1)	110(13.8)	124(15.9)

사진 3.14 정월 보름에 먹는 중국의 전통음식 - 웬샤오(元宵)

52 중국의 4대 명절은 설날, 청명절, 단오절, 추석이며, 한국에서는 설날, 한식, 단오, 추석을 4대 명절로 간주한다.

(2) 중국의 민속놀이

조선족의 중국 전통 민속놀이 향유 실태를 보면, 폭죽놀이가 80.2%로 가장 많았고, 마작이 63.4%, 사자춤이 5.2%, 룽죠우가 2.3%, 지엔즐 · 춘미엔(1.5%) 순으로 나타났다.

표 3.24 중국의 민속놀이(중복응답, N(%))

룽죠우	사자춤	마작	지엔즐	춘미엔	폭죽놀이
4(1.5)	9(3.4)	109(41.3)	2(0.8)	2(0.8)	138(52.3)

중국은 전통적으로 춘절(음력 설날)과 정월 보름 기간에 액운과 귀신을 쫓고 재물을 가져다준다는 의미를 가진 폭죽놀이를 즐겨왔다. 조선족도 한족과 마찬가지로 정월 보름에 폭죽놀이를 즐기고 있다.

사진 3.15 2013년 정월대보름 폭죽놀이(연길시)

마작은 한국의 화투와 함께 중국의 명절에 가장 대중적인 놀이문화 중의 하나이다. 마작은 네 명이 136개의 패를 가지고 짝짓기를 하는 놀이이

사진 3.16 중국조선족의 마작놀이(길림시 아라디마을)

다. 중국인들은 마작을 한다는 것을 "탁자를 세운다"라고 한다. 조선족들 또한 중국의 마작은 매우 친숙한 놀이문화이다. 이러한 사실은 한국에서 거주하고 있는 조선족이 화투보다는 마작을 더 즐기는 모습에서도 확인할 수 있다.[53] 이는 곧 중국조선족의 문화적 정체성을 이해하는 데 중요한 지표가 된다.

(3) 중국의 전통의상

한민족에게 한복이라는 전통의상이 있듯이 중국의 전통의상은 치파오가 있다. 중국조선족의 치파오 착용 실태를 조사한 결과, 전반적으로 자주 입지 않는 것으로 나타났다. "한 번도 입어 본 적이 없다" 항목이 54.4%로 가장 많았다. "지금까지 1-2회 정도 입었다"가 30.8%, "1년에 1-2회 정도 입는다"가 8.3%, "행사 때마다 자주 입는다"가 5.9%, "항상 입는다"가

53 동북아신문, 2008/08/22.

0.6% 순이다. 그러나 한민족의 전통의상인 한복의 착용 실태와 비교해보면, 중국의 전통의상인 치파오보다 한복을 더 자주 입은 것으로 나타났다.

표 3.25 중국의 전통의상 착용 경험(N(%))

항목	빈도(비율)
한 번도 입어 본 적이 없다	92(54.4)
지금까지 1-2회 정도 입었다	52(30.8)
1년에 1-2회 정도 입는다	14(8.3)
행사 때 마다 자주 입는다	10(5.9)
항상 입는다.	1(0.6)

중국조선족들은 중국의 전통의상인 치파오를 주로 결혼식(43.3%), 명절(18.0%) 때 자주 입는 것으로 나타났다. 그 이외에 축제(10.0%), 교회 행사(9.3%), 제사(2.7%) 순으로 나타났다.

표 3.26 중국의 전통의상 착용 사례(중복응답, N(%))

항목	빈도(비율)
명절	27(18.0%)
제사	4(2.7%)
축제	15(10.0%)
결혼식, 집안 행사	65(43.3%)
교회 행사, 외부 행사	14(9.3%)
기타	25(16.7%)

중국조선족의 전통의상 착용 실태를 비교해보면, 결혼식이나 명절 때에는 한민족의 전통의상인 한복을 더 많이 착용하는 것으로 나타났고, 축제나 교회 행사에는 한복보다는 중국의 전통의상을 더 자주 착용하는 것으로 나타났다.

(4) 중국의 전통음악

중국조선족의 중국 전통음악 향유 실태를 조사한 결과를 보면, 중국의 전통민요인 모리화(茉莉花)[54]는 75.6%가 직접 부른 적이 있는 것으로 나타났으며, 들은 적이 있는 경우는 90.1%로 나타났다. 조선족의 중국의 전통악기인 얼후(二胡) 향유 실태를 보면 직접 한 적이 있는 경우가 24.7%였으며, 들은 적이 있는 경우는 69.2%였다. 조선족의 중국 전통춤인 양걸의 향유 실태를 보면, 직접 한 경우는 55.6%였으며, 들은 적이 있는 경우는 82.5%로 나타났다. 이러한 사실에서 볼 때 중국조선족은 중국의 전통음악 중 대표적인 민요인 모리화에 가장 친숙한 것으로 나타났다.

표 3.27 중국의 전통음악 향유 정도(N(%))

항목	직접 한 적이 있다		들은 적이 있다	
	있다	없다	있다	없다
전통민요(모리화)	130(75.6)	42(24.5)	155(90.1)	17(9.9)
전통악기(얼후)	42(24.7)	128(75.3)	117(69.2)	52(30.8)
전통춤(양걸)	95(55.6)	76(44.5)	141(82.5)	30(17.5)

3) 모국문화 이해와 거주국의 생활만족

(1) 민족의식

중국조선족은 중국의 56개 민족 중에서 소수민족에 해당하며, 중화민족 대가정의 일원으로서 살아가고 있다. 이러한 사실은 중국조선족의 정체성이 조선족으로서의 민족의식과 중국 국민으로서의 국민의식을 동시

54 모리화는 중국 강소성, 절강성 지역에서 전래되는 민요이며, 재스민 꽃의 중국어이다. http://www.threemusic.com/suhkyung/music/folksong/board-i03-01.htm, 검색일: 2015.08.10.

에 지니고 있는 이중 정체성을 가지고 있음을 말하고 있다.[55] 중국조선족의 정체성의 특성을 살펴보면 아래 〈표 3.28〉과 같다.

표 3.28 조선족의 민족의식(N/%)

척도 변인	전혀 그렇지 않다	그렇지 않다	보통이다	그런 편이다	매우 그렇다
나는 한민족의 자손인 것에 긍지를 가지고 있다	12 7.0	13 7.6	61 35.5	51 29.7	35 20.3
나는 한국의 역사, 전통문화 등을 이해하려고 노력하고 있다	17 9.9	16 9.3	72 41.9	51 29.7	16 9.3
나는 한국문화가 더 중요하다고 생각한다	91 52.9	44 25.6	22 12.8	8 4.7	7 4.1
나는 한민족(가족)의 이민 역사에 대해 잘 알고 있다	8 4.7	25 14.5	77 44.8	43 25.0	19 11.0
나는 한민족의 일원인 것에 자부심을 가지고 있다	9 5.2	11 6.4	70 40.7	57 33.1	25 14.5
나는 한국인이라고 생각한다	104 60.5	31 18.0	23 13.4	8 4.7	6 3.5
나는 언제든 한국으로 돌아가서 살고 싶다	108 63.2	32 18.7	17 9.9	7 4.1	7 4.1
나는 조선족에 대한 강한 귀속의식을 가지고 있다	5 2.9	13 7.6	76 44.2	49 28.5	29 16.9
나는 주로 조선족으로 구성된 여러 단체에 적극 참여하고 있다	11 6.4	26 15.1	68 39.5	49 28.5	18 10.5
나는 조선족사회에 대하여 자주 이야기 한다	14 8.1	16 9.3	75 45.3	50 29.1	14 8.1
나는 내가 어느 나라 사람인지 잘 모르겠다	122 70.9	24 14.0	18 10.5	3 1.7	5 2.9
나는 주로 한국 사람들을 만난다	8 50.0	48 27.9	26 15.1	4 2.3	8 4.7

55 임선일, 『한국사회 이주노동자의 문화접변』, 이담북스, 2011.

먼저, 조선족의 한민족의 역사 및 문화 등에 대한 인식을 보면, "나는 한민족의 자손인 것에 긍지를 가지고 있다" 항목은 전체의 50%가 긍정적인 응답을 한 반면, 14.6%는 부정적인 응답을 하였다. "나는 한국의 역사, 전통문화 등을 이해하려고 노력하고 있다" 항목은 39%가 긍정적인 답변을 하였고, 18.3%는 부정적인 답변을 하였다. "나는 한국문화가 더 중요하다고 생각한다" 항목은 전체의 78.5%가 부정적인 답변을 한 반면, 8.8%만이 긍정적인 답변을 하여 큰 대조를 보였다. "나는 한민족(가족)의 이민역사에 대해 잘 알고 있다" 항목은 36.0%가 긍정적인 응답을 하였고, 19.2%는 부정적인 응답을 하였다. "나는 한민족의 일원인 것에 자부심을 가지고 있다" 항목은 47.6%가 긍정적인 답변을 한 반면, 11.6%는 부정적인 답변을 하였다. "나는 한국인이라고 생각한다" 항목은 전체의 78.5%가 부정적인 답변을 하였으며, 8.2%만이 긍정적인 답변을 하였다. "나는 언제든 한국으로 돌아가서 살고 싶다" 항목은 전체의 81.9%가 부정적인 응답을 한 반면, 8.2%만이 긍정적인 응답을 하였다.

사진 3.17 중국 도문시 월청진 백년부락 백년 가옥

다음으로, 조선족에 대한 인식을 보면, "나는 조선족에 대한 강한 귀속의식을 가지고 있다" 항목은 39%가 긍정적인 답변을 하였고, 10.5%는 부정적인 답변을 하였다. "나는 주로 조선족으로 구성된 여러 단체에 적극 참여하고 있다" 항목은 39%가 긍정적인 응답을 하였고, 21.5%는 부정적인 응답을 하였다. "나는 조선족사회에 대하여 자주 이야기한다" 항목은 37.2%가 긍정적인 답변을 하였고, 17.4%는 부정적인 답변을 하였다. "나는 내가 어느 나라 사람인지 잘 모르겠다" 항목은 4.6%가 그렇게 생각한다라고 답변을 한 반면, 전체의 84.9%는 그렇지 않다라고 답변을 하였다.

(2) 한민족 문화 이해

중국조선족의 한민족 문화에 대한 인식을 살펴보면 아래 〈표 3.29〉와 같다.

표 3.29 조선족의 한민족 문화 이해(N/%)

변인 \ 척도		전혀 그렇지 않다	그렇지 않다	보통이다	그런 편이다	매우 그렇다
음식	나는 한민족의 음식을 자주 해 먹는다.	13 7.6	18 10.5	64 37.2	51 29.7	26 15.1
	나는 한민족의 음식이 더 좋다.	15 8.7	25 14.5	69 40.1	47 27.3	16 9.3
노래	나는 주로 한국의 노래를 듣고 부른다.	9 5.3	16 9.4	61 35.7	53 31.0	32 18.7
	나는 한국의 노래와 춤을 많이 알고 있으며 좋아한다.	9 5.2	22 12.8	62 36.0	52 30.2	27 15.7
한국어	나는 한국어를 열심히 배워야 한다고 생각한다.	18 10.5	25 14.5	79 45.9	34 19.8	16 9.3
	나는 한국어로 의사소통하는 데 어려움이 없다.	7 4.1	12 7.0	45 26.3	69 40.4	38 22.2

변인 \ 척도		전혀 그렇지 않다	그렇지 않다	보통이다	그런 편이다	매우 그렇다
생활 예절	나는 한민족의 전통 생활예절을 잘 실천하고 있다.	9 5.3	28 16.4	83 48.5	38 22.2	13 7.6
	나는 한민족의 전통 생활예절을 잘 알고 있다.	19 11.0	25 14.5	77 44.8	35 20.3	16 9.3

먼저, 한민족의 음식에 대한 인식을 보면, "나는 한민족의 음식을 자주 해 먹는다" 항목은 44.8%가 긍정적인 응답을 하였고, 18.1%는 부정적인 응답을 하였다. "나는 한민족의 음식이 더 좋다" 항목은 36.6%가 긍정적인 응답을 하였고, 23.2%는 부정적인 응답을 하였다. 둘째, 노래와 춤에 대한 인식을 보면, "나는 주로 한국의 노래를 듣고 부른다" 항목은 49.7%가 긍정적인 응답을 하였고, 14.7%는 부정적인 응답을 하였다. "나는 한국의 노래와 춤을 많이 알고 있으며 좋아한다" 항목은 45.9%가 긍정적인 응답을 하였고, 18%는 부정적인 응답을 하였다. 셋째, 한국어에 대한 인식을 보면, "나는 한국어를 열심히 배워야 한다고 생각한다" 항목은 29.1%가 긍정적인 응답을 하였고, 25%는 부정적인 응답을 하였다. "나는 한국어로 의사소통하는 데 어려움이 없다" 항목은 전체의 62.6%가 긍정적인 응답을 한 반면, 11.1%만이 부정적인 응답을 하였다. 마지막으로, 한민족의 전통 생활예절에 대한 인식을 보면, "나는 한민족의 전통 생활예절을 잘 실천하고 있다" 항목은 29.8%가 긍정적인 응답을 하였고, 21.7%는 부정적인 응답을 하였다. "나는 한민족의 전통 생활예절을 잘 알고 있다" 항목은 29.6%가 긍정적인 응답을 하였고, 25.5%는 부정적인 응답을 하였다.

이러한 결과를 보면, 중국조선족은 전반적으로 한민족의 음식을 자주 해 먹는 편이며, 한민족의 노래와 춤을 즐겨 부르고 있으며, 한국어 사용에도 큰 문제가 없음을 알 수 있다. 그러나 한민족의 전통 생활예절에 대한 인식은 상대적으로 저조한 편으로 나타났다.

사진 3.18 중국 연길시 소화룡 민속마을

사진 3.19 중국 도문시 월청진

사진 3.20 중국시 도문시 무형유산 전람관

(3) 사회단체 활동 및 중국 생활 만족도

중국조선족의 사회단체 활동 및 중국 생활에 대한 전반적인 인식을 살펴보면 아래 〈표 3.30〉과 같다.

표 3.30 사회단체 활동 및 중국 생활 만족도(N/%)

척도 변인	전혀 그렇지 않다	그렇지 않다	보통이다	그런 편이다	매우 그렇다
나는 조선족단체나 조직과 항상 연락을 취하고 있다.	19 11.1	24 14.0	83 48.3	30 17.4	16 9.3
나는 조선족단체나 조직에 자주 참가하고 있다.	9 5.2	23 13.4	81 47.1	46 26.7	13 7.6
나는 향후 조선족이나 기타 여러 단체와 적극 교류하고 싶다.	6 3.5	20 11.6	75 43.6	48 27.9	23 13.4
나는 한족단체(학교, 지역사회 등)에서 적극 활동하고 있다.	19 11.0	42 24.4	69 40.1	29 16.9	13 7.6
나는 참가하고 있는 단체나 조직의 활동에 만족하고 있다.	13 7.6	16 9.3	78 45.3	53 30.8	12 7.0

변인 \ 척도	전혀 그렇지 않다	그렇지 않다	보통 이다	그런 편이다	매우 그렇다
나는 참가하고 있는 단체나 조직의 사람들과 자주 만난다.	15 8.7	22 12.8	75 43.6	47 27.3	13 7.6
나는 참가하고 있는 단체나 조직의 사람들과 친하다.	16 9.3	17 9.9	70 40.7	52 30.2	17 9.9
나는 중국의 조선족 취업지원 프로그램이나 정책을 잘 알고 있다.	11 6.4	21 12.2	90 52.3	33 19.2	17 9.9
나는 중국정부는 조선족들이 필요한 정보를 충분히 제공하고 있다.	9 5.2	13 7.6	77 44.8	43 25.0	30 17.4
나는 조선족들을 위한 중국의 정책이나 지원이 충분하다고 생각한다.	4 2.3	10 5.8	65 37.8	57 33.1	36 20.9
나는 현재 중국 생활에 만족하고 있다.	3 1.7	12 7.0	68 39.5	59 34.3	30 17.4

먼저, 중국조선족의 사회단체 활동에 대한 인식을 보면, "나는 조선족단체나 조직과 항상 연락을 취하고 있다" 항목은 26.7%가 긍정적인 응답을 하였고, 25.1%는 부정적인 응답을 하였다. "나는 조선족단체나 조직에 자주 참가하고 있다" 항목은 34.3%가 긍정적인 응답을 하였고, 18.6%는 부정적인 응답을 하였다. "나는 향후 조선족이나 기타 여러 단체와 적극 교류하고 싶다" 항목은 41.3%가 긍정적인 응답을 하였고, 15.1%는 부정적인 응답을 하였다. "나는 한족단체(학교, 지역사회 등)에서 적극 활동하고 있다" 항목은 24.5%가 긍정적인 응답을 하였고, 35.4%는 부정적인 응답을 하였다. "나는 참가하고 있는 단체나 조직의 활동에 만족하고 있다" 항목은 37.8%가 긍정적인 응답을 하였고, 16.9%는 부정적인 응답을 하였다. "나는 참가하고 있는 단체나 조직의 사람들과 자주 만난다" 항목은 34.9%가 긍정적인 응답을 하였고, 21.5%는 부정적인 응답을 하였다. "나는 참가하고 있는 단체나 조직의 사람들과 친하다" 항목은 40.1%가 긍정적인 응답을 하였고, 19.2%는 부정적인 응답을 하였다.

다음으로, 중국정부의 조선족 지원 활동에 대한 인식을 보면, "나는 중국의 조선족 취업지원 프로그램이나 정책을 잘 알고 있다" 항목은 29.1%가 긍정적인 응답을 하였고, 18.6%는 부정적인 응답을 하였다. "나는 중국정부는 조선족들이 필요한 정보를 충분히 제공하고 있다"고 생각한다. 항목은 42.4%가 긍정적인 응답을 하였고, 12.8%는 부정적인 응답을 하였다. "나는 조선족들을 위한 중국의 정책이나 지원이 충분하다고 생각한다" 항목은 54.0%가 긍정적인 응답을 하였고, 8.1%는 부정적인 응답을 하였다. "나는 현재 중국 생활에 만족하고 있다" 항목은 전체의 과반이 넘는 51.7%가 긍정적인 응답을 하였고, 8.7%만이 부정적인 응답을 하였다.

3. 축제문화와 한류

1) 9 · 3절 기념 축제[56]

중국조선족은 19세기 후반 모국의 정치, 경제, 사회적 혼란기에 두만강과 압록강을 건너 중국(당시 청나라)으로 이주하여 길림성, 흑룡강성, 요녕성 등 동북 3성 지역에 집중 거주하였다. 동북 3성 지역은 당시 항일독립운동의 전진기지의 역할을 담당하고 있었기에 조선족들은 자연스럽게 항일투쟁에 관여하게 되었다. 뿐만 아니라 해방전쟁 시기(1946-1949)에는 중국의 56개 민족 중에서 가장 열성적으로 참여하여 신중국을 건설하는 데 큰 공헌을 하였다.[57] 이러한 조선족의 공헌이 인정되어 연변지역에 조선족자치구가 성립되었다.

---

56 선봉규. "중국 연변조선족의 9·3절 기념 축제의 콘텐츠와 정체성 연구". 『평화학연구』 제15권 3호, 2014. pp. 117-136.

57 항일전쟁에서부터 한국전쟁에 이르기까지 혁명열사의 현황을 보면, 연변자치주에 등록된 혁명열사 1만 4천 740명 중 조선족 혁명열사가 1만 3천 48명으로 88.5%를 차지하고 있다.

1952년 8월 29일부터 9월 2일까지 연변조선민족자치구 제1차 각민족 각계 인민대표대회를 개최하여 '연변조선민족자치구 각민족각계인민대표대회의조직조례'와 '길림성연변조선민족자치구인민정부조직조례'를 채택했으며, 주덕해를 연변조선민족자치구 인민정부 초대 주석으로 선출하였다. 9월 2일 회의가 끝난 후 연변지위에서는 9월 3일에 연변조선민족자치구 창립대회를 소집하고 주덕해 주석이 자치구의 창립을 선포했다. 그 이후 매년 9월 3일에 연변지역에 거주하는 조선족들은 물론 한족을 포함한 소수민족들과 함께 연변조선족자치주 창립을 기념하는 축제를 진행하고 있다. 이것이 바로 9·3절 기념 축제이다. 1952년 9월 3일 오후 3시, 연길 인민광장에는 연길시 각계 인민 3만여 명이 참가하여 연변조선민족자치구 인민정부성립 경축대회를 거행했다. 이날 3만여 명의 인민들은 "연변자치구 인민정부의 성립을 경축하자", "중화인민공화국 만세", "중국공산당 만세", "모 주석 만세" 등의 구호를 외쳤으며, 주덕해 주장을 비롯하여 모든 참가자들은 어깨춤을 추면서 "자치구창립 경축의 노래"를 불렀다.[58]

2002년 50주년 기념 축제에서는 '50년의 보람찬 성과를 경축하며 대개발 진군 나팔을 울리자' 등의 구호가 제시되었으며, 경축대회 행사는 연변 중앙TV 예술단의 '마음잇기' 공연으로 시작되었다. 그리고 수천 명의 학생과 군인, 일반인이 참가한 집단무용 '번영하는 연변'이 공연되었다. 이 공연은 조선족의 대표적 노래인 '아리랑'과 '나의 살던 고향', 그리고 한족의 전통음악이 서로 어우러지면서 지난 50년간 연변 조선족의 애환을 표현했다. 50주년 기념 축제의 부대행사로는 먼저, 조선족 특색의 민족문화를 보존, 계승하는 차원에서 '조선족 민속복장 표연대회', '조선 민속혼례', '장백산 국제등산대회', '국제 조선민족 축구대회', '중국조선족 민속음식전', '중국조선족 민속촌기공식' 등이 진행되었다. 다음으로, 경제무역투

58 안상근, "기억속의 60년: 망각된 자치주성립일의 기억", http://kr.chinajilin.com.cn/qihua/content/2012-05/09/content_86554.htm(검색일: 2014.6.25).

자유치와 관련해서는 '제3차 두만강지역 국제투자무역상담회'가 10여 개국에서 5천여 명의 내외빈이 참가한 가운데 3일간 개최되었다.[59]

이와 같이 9·3절 기념 축제는 중국조선족의 여러 축제 중에서 가장 오래되었으며[60], 가장 대규모적으로 진행되고 있다는 점에서 이에 대한 연구는 매우 의미가 있다 하겠다. 특히 한국사회에서 조선족의 축제에 대한 연구가 거의 이루어지고 있지 않는 상황을 고려할 때, 9·3절 기념 축제에 대한 연구는 모국과 디아스포라 간의 문화교류 활성화 및 네트워크 형성에 유용한 정보를 제공할 것으로 기대된다.

(1) 60주년 기념 축제의 콘텐츠

① 선전 구호

축제에 있어서 선전 구호는 축제가 표방하는 의미를 집약해 놓은 것으로, 선전 구호 속에 함축된 축제의 특성을 확인할 수 있다. 연변조선족자치주 창립 60주년 기념 축제의 선전 구호는 총 16개가 선정되어 사용되었다. 이 선전 구호는 연길시 주요 도로 및 광장에 설치되어 60주년 기념 축제 분위기를 조성하였다.

구체적인 선전 구호는 〈표 3.31〉과 같다.

---

59 이석봉, "자치주 출범 50주년: 동북아 중심 다짐", http://www.hellodd.com/news/article.html?no=4030(검색일: 2014.6.25).

60 최근 연변조선족사회에서는 국가의 문화관광 정책의 일환으로 지역의 정체성을 강조하는 축제들이 나타나기 시작했다. 현재 진행되고 있는 중국 연변조선족의 축제는 화룡시 진달래문화관광축제, 훈춘시 밀강조선족퉁소문화예술축제, 도문시 두만강문화관광축제, 도문시 두만강빙설관광축제, 연길시 아리랑빙설관광축제, 용정시 사과배꽃민속문화축제, 용정시 송이버섯축제, 용정시 황소축제 등이 대표적이다.

사진 3.21 연변조선족자치주 창립 60주년 기념 축제의 선전 간판

표 3.31 9 · 3절 60주년 기념 선전 구호

구분	선전 구호
60주년 기념	• 연변조선족자치주 성립 60주년 경축! • 자치주 성립 경축, 이미지 수립, 발전 도모, 조화 추진! • 60년 분발, 60년 휘황! • 변경 변화 60년, 분발 발전 60년! • 60년 변화, 각 민족 함께 새로운 발전 도모! • 연변 60년 역사를 통해 보는 변경지역 세기를 넘는 변화!
개발 · 발전	• 개발 · 개방을 통해 발전을 추진하고 단결을 통해 새로운 발전 추진! • 개혁 · 개방을 통해 함께 조화로운 사회를 발전시키고, 안정적이고 단결된 모습으로 부유한 변경을 건설한다! • 전략 기회를 잡아 새로운 연변을 건설 발전시킨다! • 함께 단결하고 분투하며, 함께 번영하고 발전하자! • 변경과 해양을 개발해 세계와 연결시키고, 창조와 발전을 통해 변경 지역을 풍요롭게 한다!
조화사회	• 위대한 조국에 감사하고, 조화로운 연변 건설! • 과학발전을 통해 발전을 도모하고 인본주의로 조화로움을 추진한다! • 빠른 시간 내에 풍요롭고, 개방되었으며, 생태적이고, 조화로우며, 행복한 새로운 연변 건설!
민족문화	• 선진 문화를 발전시키고, 민족정신과 시대정신을 선양한다! • 민족자치를 추진하고 과학발전을 먼저 실행하고 시행한다!

〈표 3.31〉에서 보는 바와 같이 9 · 3절 60주년 기념 축제를 상징하는 선전 구호는 크게 네 가지 유형, 즉 자치주 성립 60주년 경축, 연변지역의 개발 · 개방의 적극 추진, 연변지역의 조화로운 발전과 민족 간의 단결 도

모, 민족문화 발전 등이다. 이 중에서도 연변지역의 경제개발 · 개방을 통한 연변의 발전과 조화로운 연변사회를 건설하자는 데에 집중되어 있음을 알 수 있다. 요컨대, 60주년 기념 축제의 선전 구호에서 확인할 수 있는 것은 지역의 풍요로운 경제발전과 모든 민족 간의 조화로운 공동체를 형성하는 데 축제를 활용하고 있음을 알 수 있다.

② 행사 마크와 마스코트

연변조선족자치주 성립 60주년 기념 축제의 행사 마크는 '날리는 상모'이다. 날리는 상모는 연변조선족의 전통적인 민속문화의 특색을 잘 나타내고 있으며, 연변조선족의 적극적인 시대정신을 잘 재현하고 있는 것으로 보인다. 이 행사 마크는 아라비아숫자 '60'을 기본 요소로 하고 있으며, 지역과 민족문화의 특색이 있는 7색 리본과 민속그림을 예술적으로 표현하였다. 날리는 상모는 조선족의 전통 상모춤에서 리본이 날리는 모양을 섬세하게 나타냈으며, 연변조선족자치주 성립 60주년의 분위기를 잘 살려낸 것으로 보인다.

60주년 기념 축제의 마스코트인 '뻔뻔(犇犇)'은 농악춤을 핵심요소로 창조한 것으로서, 민족단결의 함의를 내포하고 있다. 뻔뻔(犇犇)의 글자모양

사진 3.22 행사 마크

사진 3.23 행사 마스코트

은 여섯 마리의 '소'인데 이는 "육육대순[61], 60주년을 향해 힘차게 발전한다"는 뜻을 의미한다. 뻰뻰(犇犇)은 강렬한 개척, 노력, 적극적인 정신을 체현하고 있으며, 부지런하고 적극적인 연변인민을 상징하고 있다. 이와 같이, 연변조선족자치주 성립 60주년 기념 축제의 마크와 마스코트에서 확인할 수 있는 것은 연변조선족의 전통적인 민속문화 요소를 잘 활용하여 민족적 정체성을 적극적으로 구현하고 있음을 알 수 있다.

③ 기념 프로그램

9·3절 60주년 기념 축제는 연변조선족자치주의 주도인 연길시를 중심으로 도문, 돈화, 화룡, 용정, 훈춘 등 6개시와 왕청, 안도 등 2개현에서 각각 진행되었다. 이 기념 축제는 총 8가지 유형의 27개 프로그램으로 구성되어 추진되었다. 9·3절 60주년 기념 축제의 프로그램은 기념 및 경축 관련 대회의, 헌례공사, 경제무역투자유치, 문화예술 공연 및 체육활동 등 경제, 사회, 문화영역 전반에 걸쳐 연변주의 발전과 민족단결을 도모하고 더욱 번영한 연변을 만들기 위해 구성되었다. 구체적인 기념 프로그램 현황은 〈표 3.32〉와 같다.

표 3.32 9·3절 60주년 기념 프로그램 현황

구분	주요 프로그램
대형회의	60돐 기념 및 전주 제14차 민족단결 진보 표창 대회 60돐 기념 경축대회 두만강지역 중점도시 국제합작회의 제1기 연변 소수민족 자치주 개발·개방 포럼
헌례공정	연변주도서관, 중국조선족박물관, 연변다기능체육관, 연변빙상관, 연길종합체육장, 주체육학교(교수청사, 숙사, 훈련관), 연변직업기술학원, 연변제2인민병원, 연변주로인활동중심, 연변가무단, 군중예술관, 연길기상레이다탑, 주체육센터실외

61 중국에서는 아라비아 숫자 6이 매우 순조롭다는 의미를 담고 있어 중국인들이 매우 좋아하는 숫자이다.

구분	주요 프로그램
	광장, 주정무중심남광장, 서쪽도로경관록화공정, 연변과학기술관, 연변예술극장개조공사, 중국(연변)조선족민속원, 장백산로인아파트, 아리랑광장 등
경제무역	제8기 중국 연길 두만강지역 국제투자 무역 상담회 중국 광채(光彩)사업 연변행투자 고찰 활동
공연 및 광장	60돐 경축대회 대형광장 문예공연 '연변찬가', 연변 가무단 민족가무야회, 연변 가무단 광장공연, 연변 텔레비전 방송국 '축복합니다', 연변 대형문예야회 등
영상	영화 '해란강변의 벼꽃향기', 텔레비전드라마 '장백산 아래 우리 집', 신판 연변형상영상프로
전시	60돐 성과 전시회, 미술·촬영·서예 작품 전시회, 국제 민속 촬영전, 중국 조선족 민속 촬영 작품전
계열별	60돐 기념 우표발행식, 국가급비물질문화유산인 60명 로인회갑연활동, 로인운동대회, 100m연변산하도(延邊山河圖)도화(刀畵)작품창작활동, 각 현·시 자치주창립 60돐 경축 군중광장문화활동(전주 종업원광장문화활동 포함), 각 현·시 중앙·성직속기관 및 사업단위들의 대형 활동, 각 현·시 자체 전문 활동 및 불꽃야회 등
출판	대형화책 '연변60돐', '연변조선족자치주법제건설60년', '중국조선족의 걸출한 인물 주덕해전기', '연변로인서화집' 등

9 · 3절 60주년 기념 축제 프로그램의 구성적 특징을 살펴보면 다음과 같다.

첫째, 60주년 기념 축제 프로그램 중에서 가장 중요한 행사는 9월 3일 당일 개최되는 '자치주성립 60주년 경축대회'이다. 이 경축대회는 9월 3일 오전 9시부터 연길시 인민체육장에서 거행되었다. 이 경축대회의 주요 참가자는 손정재 길림성 서기, 장안순 연변자치주 서기, 이용희 연변자치주 주장을 비롯하여 국가 및 관련 부서 영도, 국내외 내빈, 자치주위원회 상무위원회 등 영도, 자치주 기업 리더, 각 현 · 시 대표단, 중 · 성 · 주 · 직속 부서 간부, 주 내외 언론사 기자, 자치주 각 민족대표, 학생 7,300명 등이다. 경축대회는 내빈소개, 국민의례 및 국기 게양, 축포발사, 축사 및 개회사, 대형광장 예술공연 순으로 진행되었다.

이 경축대회의 핵심 행사는 유사 이래 광장공연에서 가장 많은 2만 7천 명의 학생 및 부대장병들이 참가하여 공연한 대형광장 예술공연 '연변찬가'이다. 이 연변찬가는 연변조선족 예술가들이 창작한 공연으로서 조선족을 비롯 연변의 여러 민족의 인민들이 참여하여 장고춤, 상모춤, 가야금연주, 부채춤, 학춤, 용춤 등 조선족 및 여러 민족의 전통문화예술을 공연했으며, 자치주 창립 이후 연변지역의 발전 과정 및 미래 비전을 서사적으로 재현하였다. 연변찬가는 중국조선족 민족예술의 집대성이며, 연변조선족의 문화발전 성과와 수준의 최고 대표작이라고 할 수 있다.

표 3.33 대형광장 예술공연 '연변찬가' 프로그램

구성		주요 내용
서막 행복한 연변		사회자멘트: 장백산천지, 진달래, 오색한복, 조선민족의 찬란한 역사
		카드섹션: 연변찬가, 장백폭포, 색동저고리 입은 여아 등
		마당공연: 진달래 대형 공연
		배경음악: 아리랑
제1장 천지를 감동 시키다	제1경 만민이 함께 경축	사회자멘트: 민족구역자치권리, 중화민족 대가정의 일원, 당의 민족정책은 천지를 감동시키다
		카드섹션: 상모, 진달래
		마당공연: 상모춤
	제2경 황금벼 파도	사회자멘트: 9월의 연변은 오곡풍성, 풍년, 황금물결
		카드섹션: 황금 벼, 60, 과일, 인삼, 내고향 연변
		마당공연: 황금 벼 들녘, 사과, 부채춤
제2장 갑자 성경	제1경 민족의 흥성	사회자멘트: 조선족은 유구한 역사, 근로용감·견강한 민족, 여러 민족들과 힘을 합쳐 혁명전쟁에 참여, 사회주의 혁명과 건설사업에 모든 것을 바침
		카드섹션: 기와집, 전통결혼식, 대금
		마당공연: 오색한복 공연, 장고춤, 가야금병창(제비타령)
		배경음악: 판소리
	제2경 은혜로운 햇빛	사회자멘트: 조선족은 예로부터 문화중시, 교육신성, 연변은 완벽히 조선어문화교육시스템 구축, 교육·문화· 가무의 고장
		카드섹션: 퉁소부는 여자, 색동저고리 입은 남녀 어린이
		마당공연: 어린이들의 노래와 춤

구성		주요 내용
제3장 약동	제1경 번영하는 연변	사회자멘트: 민족단결, 아름다운 우애와 화합의 노래, 조선족의 전통적 대표무용은 장고, 우리의 아름다운 소망은 민족단결
		카드섹션: 뻐뻐, 대북, 학, 오성기와 여러 민족인들
		마당공연: 부채춤, 장고춤 등
		배경음악: 도라지타령
	제2경 군민의 정	사회자멘트: 산마다 진달래, 마을마다 열사, 전쟁시기 조선족 열사 4만여 명, 조선족여성은 자애로운 어머니상
		카드섹션: 군인, 어머니, 아버지 등 가족
		마당공연, 군인, 흰저고리 검정치마의 어머니들과 공연
		배경음악: 옹헤야
제4장 찬란한 내일	제1경 미래를 향해	사회자멘트: 연변 개방의 문 활짝, 희망이 있는 그곳으로 함께 달려가자, 연변주 200만 여러 민족 하나같이 뭉쳐 연변조선족자치주를 아름답게 건설해나가자.
		카드섹션: 60, 진달래
		마당공연: 북 공연
	제2경 개척분발	사회자멘트: 개혁개방의 금빛날개를 미래를 향해, 두만강유역개발의 봄마차, 두만강경제권형성, 장길도전략, 당의18차대표대회성과적 모집
		카드섹션: 용, 장길도개혁개방선도구, 고속도로, 기차
		마당공연: 학춤, 용춤 등
종장 축복하노라 연변이여		사회자멘트: 9월의 연변, 오곡향기, 황금물결, 우리 함께 환호·노래·춤, 우리 연변 축복
		카드섹션: 청사초롱, 위대한 조국에 보답하고 조화로운 연변을 건설하자
		마당공연: 모든 참가자들이 손잡고 공연
		배경음악: 아리랑

이 연변찬가는 서막 '행복한 연변'에 이어 제1장 '천지를 감동시키다', 제2장 '갑자성경', 제3장 '약동', 제4장 '찬란한 내일', 종장 '축복하노라 연변이여' 등으로 이루어졌으며 90분간 공연되었다. 이 연변찬가는 중국 연변조선족 특색의 문화예술의 향연이다. 공연 초반에는 조선족의 민족문화특색의 공연을 중심으로 구성되었다. 예컨대, 진달래, 오색한복, 아리

사진 3.24 진달래 공연

랑, 상모춤, 장고춤, 부채춤, 판소리, 퉁소 등 조선족 민족문화를 상징하는 요소들이 주로 등장하였다. 반면, 후반에는 중화민족 대가정의 일원으로서 여러 민족간의 단결과 우애, 그리고 조화로운 연변 발전을 중시하는 내용으로 구성되었다.[62] 구체적인 연변찬가의 프로그램 내용을 살펴보면 다음과 같다.[63]

서막에서는 아리랑이 배경음악으로 등장하면서 소복단장을 한 조선족 어머니의 모습이 서서히 솟아오르면서 시작된다. 이는 조선민족의 찬란한 문화와 유구한 역사의 장면이며, 이는 민족의 새날을 예시하며 새로운 시작을 알리는 근원으로 묘사하고 있다.

62 최성철 · 리은파, "대형 광장무 〈연변찬가〉 화려하게 펼쳐", http://ybrt.cn/board.php?board=news_photo&act=view&no=4790&page=32&search_mode=all&search_word=&cid=1&html=&item=&contents(검색일: 2014.6.25).

63 필자가 연변조선족 자치추 성립 60돌 기념 경축대회 대형광장 예술공연인 '연변찬가' CD의 내용을 토대로 작성함.

제1장에서는 '천지를 감동시키다'라는 주제로 1952년 9월 3일 당의 민족정책이 연변지역에서 구현되어 조선족 최초로 자치주 성립이 이루어짐과 함께 중화민족 대가정의 성원이 되었음을 이야기하고 있다. 연변의 9월은 풍년이 들고 오곡과일이 향기롭고 황금 벼 들녘으로 가득 찬 풍요로움을 묘사하고 있다.

제2장에서는 '갑자성경'이라는 주제로 중국 이주 후 혁명전쟁과 사회주의 건설과정에 모든 것을 바친 조선족의 역사에 대해 이야기하고 있다. 그리고 조선족의 민족성, 예컨대 문화중시, 교육숭상의 미덕에 대해 이야기하고 있으며, 현재 연변은 유치원에서부터 대학교에 이르기까지 조선어 문화교육 시스템이 완벽히 구축되어 있음을 전하고 있다. 이를 통해 연변자치주에서는 민족문화의 계승과 발전이 대대적으로 이루어지고 있음을 강조한다.

제3장에서는 '약동'이라는 주제로 연변지역의 발전상에 대해 이야기하고 있다. 특히 연변의 조선족들은 한족, 만족, 회족 등 여러 형제민족과 이 땅을 가꾸고 번영시켜왔음을 이야기하고 있으며, 이들과의 아름다운 우애와 화합을 강조하고 있다. 그리고 전쟁 시기 조선족의 희생정신에 대해 이야기하면서 조선족 여성의 우월성을 이야기한다.

제4장에서는 '찬란한 내일'이라는 주제하에 개혁 · 개방의 시대 연변주 200만 여러 민족이 힘을 합쳐 두만강경제권의 개발에 박차를 가하자는 내용을 담고 있다. 마지막으로 종장에서는 우리 모두 연변을 축복하자라는 내용을 담고 있다.

다음의 사진 자료는 연변찬가에 나타난 연변조선족의 문화적 정체성을 상징하는 것으로, 장고춤은 조선족의 민족문화를 대표하는 것이고, 용춤은 중국 주류문화의 특성을 수용하여 새롭게 재현한 것이라 할 수 있다.

사진 3.25 장고춤

사진 3.26 용춤

이와 같이 60주년 기념 연변찬가는 이주민족으로서의 민족문화의 요소를 거주국의 환경에 맞게 계승 · 발전시키고 연변지역의 한족 및 소수민족들의 전통 문화를 흡수, 수용하면서 사회 환경에 맞게 조선족 특색의 문화를 창출하였다. 이러한 연변조선족의 정체성은 고유한 민족문화의 계승 · 발전과 함께 중국 사회주의 대가정의 한 일원으로서 '조화로운' 연변을 발전시키는 데 작동하고 있는 것으로 이해할 수 있다.

둘째, 연변조선족자치주 성립 60주년을 기념하기 위해 연변주 정부는 18개의 인민혜택 공사 건설 추진과 경제무역 투자 유치를 위한 행사를 진행했다. 경제무역 투자 유치 관련 행사로는 제8기 중국연길두만강지역 국제투자무역상담회와 중국광채(光彩)사업연변행투자고찰 활동 등을 추진했으며, 이를 통해 연변지역의 투자환경 개선과 변경무역을 발전시키는 데 기여하고 있다. 이 외에도 연변주의 도시환경녹화 및 경관건설, 농촌 환경 향상 공사에 많은 예산을 투자했다. 구체적인 개발 현황을 보면, 11개 공원 · 15개 놀이터 · 잔디밭 조성 등 도시 기초 공사 40개에 총 22억 위안이 투자되었으며, 연길시 '4개 세로, 3개 가로, 2개 출구' 도로 건설 및 연길시 내 유럽가 · 조선민속가 · 부얼하통하빈수공원 등 특색 있는 도로와 도시 경관사업을 진행하였다. 또한 447개 촌을 포함한 농촌환경 향상 공사는 '도로를 튼튼히 하고, 담장은 정리정돈하며, 촌에는 조명을 밝히고, 도로는 미화하며, 환경은 깨끗이 하는' 다섯 가지 기준을 가지고 공사를 진행했다. 이러한 사실에서 볼 때, 9 · 3절 기념 축제는 지역의 경제, 사회발전을 추동하는 기능을 하고 있음을 알 수 있다.

셋째, 다양한 문화예술체육 공연 활동을 통해 조선족의 민족문화 요소를 유지 · 계승하고, 연변의 이미지를 확립하고, 연변 주 전체의 문화생활 수준을 향상시키는 프로그램을 진행했다. 자치주 성립 60돌을 기념하는 전시회 및 우표발행, 화책 · 자치주법제 · 서화집 등 도서출판 등을 발행했으며, 특히 연변주 제1대 주장인 주덕해 전기를 발간하기도 했다. 또한 디지털 영화 방영 및 TV 드라마가 CCTV-1을 통해 방송되면서 연변조선족 문화의 우수성을 확산시키고 전국적으로 좋은 사회적 효과를 창출했다. 아울러 신화사, 인민일보, 길림일보, CCTV 등 주류 언론사들이 연변자치주의 자원, 정책적 우세, 발전 잠재력 등에 대하여 심층적으로 분석하여 60년 간 연변의 발전성과를 보도하였다.

요컨대, 9 · 3절 기념 축제는 1952년 9월 3일에 첫 기념 경축행사가 개최된 이래 연변조선족의 최대 경사이자 축제로 자리잡았다. 경축대회, 투자유치, 문화예술공연, 체육, 전시회, 도서출판, 민속행사 등의 프로그램을 살펴본 결과, 9 · 3절 기념 축제는 조선족 특색의 민족문화뿐만 아니라 한족 및 다른 소수민족 문화 간 교류 · 융합의 장이 되고 있다.

(2) 9 · 3절 기념 축제에 대한 조선족의 인식

축제는 일반적으로 여러 사람들이 함께 모여 어울리며, 사회 성원으로서 자기 확인과 자기 인식, 그리고 타인을 확인하는 장이다. 축제는 인간과 인간의 대립과 갈등을 해소하고 화해를 이끌어내기에 구성원들 간의 일체감을 조성하는데 크게 기여한다. 따라서 축제는 지배계층과 피지배계층의 수직적인 유대관계라든가, 특히 이웃과 이웃의 수평적인 유대관계를 강화시켜주는 역할을 한다.[64] 이러한 맥락에서 디아스포라에게 축제는 사회 구성원 간-동일 민족 간, 다른 소수민족 간, 주류 민족 간-의 사회적 관계를 확인하면서 한 개인의 혹은 집단의 정체성을 표현하는데 효율적인 기제로 작동한다. 1952년부터 시작된 9 · 3절 기념 축제가 조선족 및 다른 민족 간의 사회관계에 미치는 영향을 알아보기 위해 설문조사를 실시했는데, 그 결과를 살펴보면 다음과 같다.

---

64 표인주(2007), p. 70.

① 민족정체성 유지 및 형성

먼저, "9 · 3절 기념 축제가 조선족의 이미지를 향상시키는 데 기여할 것"이라는 질문에 연변조선족들은 전체의 149명인 86.6%가 이미지 제고에 기여할 것으로 응답하였으며, '그렇지 않다'가 13명(7.6%), '모른다'는 10명(5.8%)으로 나타났다.

표 3.34 조선족의 이미지 제고

	조선족의 이미지 제고		
	그렇다	그렇지 않다	모른다
빈도(172명)	149	13	10
비율(100.0%)	86.6	7.6	5.8

둘째, "9 · 3절 기념 축제가 조선족의 자긍심을 고취시키는 데 기여할 것"이라는 질문에는 전체의 149명인 86.6%가 긍정적으로 응답하였으며, '그렇지 않다'가 11명(6.4%), '모른다'는 12명(7.0%)으로 나타났다.

표 3.35 조선족의 자긍심 고취

	조선족의 자긍심 고취		
	그렇다	그렇지 않다	모른다
빈도(172명)	149	11	12
비율(100.0%)	86.6	6.4	7.0

셋째, "9 · 3절 기념 축제가 조선족 간의 관계를 개선시키는 데 기여할 것"이라는 질문에는 전체의 135명인 78.5%가 '그렇다'라고 응답하였으며, '그렇지 않다'가 11명(6.4%), '모른다'는 26명(15.1%)로 나타났다.

표 3.36 조선족간의 관계 개선

	조선족 간 관계 개선		
	그렇다	그렇지 않다	모른다
빈도(172명)	135	11	26
비율(100.0%)	78.5	6.4	15.1

이러한 결과에 비추어 보면, 연변지역에 거주하는 조선족들은 9 · 3절 기념 축제가 조선족의 이미지 개선 및 자긍심 고취에 더 긍정적으로 기여하는 것으로 인식하고 있으며, 조선족 간의 관계 개선에는 상대적으로 덜 기여하는 것으로 나타났다. 요컨대, 9 · 3절 기념 축제는 자신의 전통성을 전승, 보존하기 위한 것으로 이러한 행사를 통해 자신의 정체성을 확인, 공유하는 계기가 되고 있음을 알 수 있다.

② 타민족과의 사회관계 확장

첫째, "9 · 3절 기념 축제가 연변자치주에 거주하고 있는 한족 및 다른 소수민족과의 관계를 개선시킬 것"이라는 질문에 전체의 136명인 79.0%가 '그렇다'라고 응답하였으며, '그렇지 않다'가 13명(7.6%), '모른다'는 23명(13.4%)로 나타났다.

표 3.37 한족 및 다른 소수민족과의 관계

	한족 및 소수민족과의 관계 개선		
	그렇다	그렇지 않다	모른다
빈도(172명)	136	13	23
비율(100.0%)	79.0	7.6	13.4

둘째, "9 · 3절 기념 축제가 중국사회에서 조선족에 대한 차별을 해소하는데 기여할 것"이라는 질문에는 전체의 125명인 72.7%가 '그렇다'라고 응답하였으며, '그렇지 않다'가 17명(9.9%), '모른다'는 30명(17.4%)으로 나타났다.

표 3.38 조선족에 대한 차별 해소

	조선족에 대한 차별 해소		
	그렇다	그렇지 않다	모른다
빈도(172명)	125	17	30
비율(100.0%)	72.7	9.9	17.4

이와 같은 설문조사 결과를 요약해보면, 연변조선족들은 9·3절 기념 축제가 민족 정체성 유지 및 형성에 더 기여하는 것으로 인식하고 있다. 이러한 결과에 비추어 볼 때, 9·3절 기념 축제는 이주민족이면서 소수민족인 조선족의 정체성 확립의 기제로 작동하고 있음을 알 수 있다. 아울러 9·3절 기념 축제는 연변지역에 거주하고 있는 한족 및 소수민족들이 참여함으로써 각 민족의 전통적 문화를 서로 공유하고 소통하는 장이 되고 있음을 확인할 수 있었다. 그런 의미에서 9·3절 기념 축제는 조선족의 정체성과 타 민족(한족 및 소수민족)의 정체성 간의 교류와 융합이 이루어지는, 즉 중층적 정체성이 공존·형성되는 공간이 되고 있음을 알 수 있다.

2) 연변조선족의 지역 축제

디아스포라에게 축제는 자신의 고유한 역사와 문화, 그리고 예술을 교육시키고 보존하고 체험할 수 있는 계기를 제공한다는 의미에서 매우 중요하다. 연변조선족자치주의 축제는 대부분 2000년대 들어와서 열리기 시작했다. 중국은 2003년부터 비물질문화유산에 대한 보호와 권리를 강화하기 위해 '중국민족민간문화보호공정'을 펼치고 2004년에 유네스코 무형문화유산 협약에 가입했다. 2005년 6월부터 중국 내 비물질문화유산 현황을 파악하기 위한 전국적인 전수조사를 실시하면서 무형문화유산이 부각되기 시작하여 국가급 무형유산이 축제화되기에 이르렀다. 2011년에는 '중화인민공화국 비물질문화유산법'을 제정, 공포하여 유네스코의 세계무형유산 등재를 국가적으로 준비하고 있다.[65]

연변조선족사회는 '조선족 민속문화 전시', '지역특색 민속관광브랜드화', '경제무역 발전'이라는 정책 기조 하에 다양한 유형의 축제를 진행하

65 김용범(2012), p. vii.

고 있다. 현재 연변조선족자치주에서 열리고 있는 다양한 축제를 요약해 보면 〈표 3.39〉와 같다.

표 3.39 연변조선족자치주의 축제 현황

구분	축제명	개최 시기	개최 장소
계절 축제	연변의 봄 - 사과배꽃축제	5월	용정시
	연변의 여름 - 두만강문화관광축제	8월	도문시
	연변의 가을 - 조선족민속관광축제	9월	연길시
	연변의 겨울 - 두만강빙설축제	1월-2월	도문시
민속문화 축제	홍기촌민속문화관광절	6월 6일	안도현
	조선족민속음식 및 관광상품전시회	6월초-9월초	연길시
	두만강농악절	6월-9월	도문시
	연변용가미원조선족예술절	7월	도문시
	퉁소절	8월	훈춘시
	조선족민속촬영전	8월	연길시
	연변관광민속복장전시	9월	연길시
	상모춤문화예술절	9월	왕청현
	단오민속관광축제	5월	연길시
	농부절	9월	용정시
지역특색 축제	장백산고산두견절	6월	돈화시
	빙천맥주절	6월-7월	연길시
	모래조각절	8월	훈춘시
	송이버섯축제	9월	용정시
	황소절	9월	용정시
	진달래꽃축제	5월	화룡시
	사과따기축제	9월	훈춘시
	동북호랑이국제문화절	9월	훈춘시

사진 3.27 2013 두만강 빙설축제

첫째, 연변조선족자치주는 조선족의 민속문화를 널리 알리고 연변의 4계절 관광브랜드를 만들기 위해 '연변의 봄', '연변의 여름', '연변의 가을', '연변의 겨울' 등의 이름으로 축제를 개최하고 있다. '연변의 봄'은 매년 5월경에 용정시에서 사과배꽃축제를 개최하며, '연변의 여름'은 매년 8월경에 도문시에서 두만강문화관광축제를 개최한다. '연변의 가을'은 매년 9월-10월경에 연길시를 비롯하여 주내 여러 지역에서 조선족민속관광축제를 개최하는데, 연길시에서는 추석민속절, 용정시에서는 사과배따기절, 도문시에서는 두만강 농악절, 돈화시에서는 기복법회, 훈춘시에서는 사과따기절 등 여러 행사가 치러진다. '연변의 겨울'은 매년 1월-2월경에 도문시에서 두만강빙설축제를 개최하고 있다. 이와 같이 4계절 연변관광축제는 연변조선족자치주내 조선족 민속문화의 지역적 특색을 부각시키고 지역의 관광자원을 활용하여 연변관광브랜드를 구축하는 데 기여하고 있다.

둘째, 연변조선족사회는 지역에 존재하는 민속문화 및 생활풍습에 기반하여 다양한 축제를 진행하고 있다. 대표적으로 왕청현은 '중국민간문화예술의 고향', '중국조선족 농악무(상모춤)의 고향'이라 불리는 만큼 조선족 민속문화의 보호와 전승에 있어 특징적이다. 특히 2012년에는 1,050명의 상모춤꾼들이 농악무를 펼쳐 기네스북에 오르기도 했다. 훈춘시 밀강향의 퉁소절은 2007년에 국가급 비물질문화유산에 등록되었으며, 축제를 통해 조선족의 민속문화를 보존, 발전시키고 있다. 농부절은 용정시 개산툰진 광소촌 어곡전에서 백중날에 개최되고 있는데, 연변조선족 농부들의 민속놀이를 중심으로 펼쳐진다.

마지막으로, 연변조선족은 지역 특색 및 지역 특산품을 매개로 다양한 축제를 개최하고 있다. 대표적으로 조선족의 민속문화 발원지인 용정시에서는 '송이버섯축제', '황소절' 등을 개최하고 있다. 중국, 북한, 러시아 등 3국 접경지역인 훈춘시에서는 '모래조각절', '맹령사과따기축제', '동북호랑이국제문화절'을 진행하고 있다. 화룡시에서는 서성진 진달래민속촌에서 조선족을 상징하는 '진달래꽃축제'[66]를 개최하고 있다.

3) 중국조선족의 한류[67]

(1) 한류 형성 과정

중국은 무엇보다 한류의 진원지이면서 한류 확산의 거점 기지이다. 중국에서 한류는 1997년 드라마 〈사랑이 뭐길래〉가 CCTV에 방송되어 시청자들로부터 폭발적인 인기를 얻게 되면서 시작되었다고 볼 수 있다.[68] 이

---

66 중국에서 진달래는 조선족을 상징하는 꽃이며, 조선족은 '진달래민족'이라 불리기도 한다. 연변조선족자치주의 주화(州花)도 진달래이다. 『연변일보』, 2012/08/29.

67 선봉규, "중국조선족과 재일코리안의 한류(Korean Wave) 인식에 관한 연구", 『한국동북아논총』 제19집 제4호, 2014, pp. 89-110의 자료를 부분적으로 발췌함.

68 〈사랑이 뭐길래〉 방영 이전에도 중국, 홍콩, 일본, 대만 등에서 한국의 드라마 〈질투〉, 성인가요

드라마의 성공은 한국의 다른 드라마가 중국에 진출할 수 있는 계기를 마련했는데, 〈별은 내 가슴에〉, 〈순풍산부인과〉, 〈불꽃〉, 〈의가형제〉, 〈프로포즈〉, 〈토마토〉, 〈가을동화〉, 〈겨울연가〉 등이 중국의 시청자들에게 많은 인기를 얻었다.[69] 이처럼 드라마는 한국의 대중문화를 전파하는 데 선도 역할을 하였을 뿐만 아니라 한국 가수들이 중국으로 진출하는 계기를 마련했다. 특히 1999년 11월에 클론과 2000년 2월에 H.O.T가 북경콘서트를 성공적으로 개최하면서 중국 언론에서 '한류'라는 단어가 등장하기 시작했다.[70] 드라마와 댄스음악의 인기에 힘입어 한국의 영화가 중국에 본격적으로 소개되었다. 1997년부터 중국 국가도서관에서는 '한국영화주간'이라는 이벤트를 실시했고, 2000년에는 북경 영화학원에서 한국영화 관련 학술회의가 개최되었다. 2001년 10월에 북경, 상해에서 '한국영화회고전시' 행사가 개최된 이후부터는 대량으로 배급되기에 이른다.[71]

2005년 드라마 〈대장금〉의 방영은 중국에서 한류의 성격이 다른 차원으로 변화하게 된 계기가 되었다. 대장금 방영 이전의 한류는 드라마 및 영화에 출연한 특정 연예인과 특정 댄스그룹에 대한 동경과 열망이었다면, 방영 이후부터는 한국문화 전반에 대한 관심과 부러움으로 발전했다.[72] 이처럼 대장금의 열풍은 한국의 대중문화를 전파하고, 그 파급효과

및 트로트가 진출하여 상당한 정도의 인기를 얻고 있었다. 장규수, 2011, p. 167.

69 2004년 CCTV 해외드라마 전국 시청률 순위에서 한국 드라마는 1위부터 6위까지 독식, 2005년에는 아시아 드라마 평균시청률 순위 1위부터 10위까지가 전부 한국 드라마인 것으로 조사되었다. 강내영, "중국의 항한류 현상 연구: 드라마와 영화를 중심으로", 『중국학연구』 제43집, 중국학연구회, 2008, p. 458.

70 한류라는 용어는 1999년 중국 공산주의청년단 기관지인 〈중국청년보〉가 처음으로 중국에서 발생하고 있는 한국문화 현상을 한류로 부르게 되면서 사용되기 시작했다. 위택환, 『한류: K-Pop에서 K-Culture로』, 문화체육관광부 해외문화홍보원, 2012, p. 81.

71 박광해, "중국에서의 '한류' 열풍 및 그 전파 원인", 『한국학논집』 제31집, 계명대 한국학연구원, 2004, p. 4.

72 동방조보가 중한수교 14주년을 맞아 '2006 중국 속 한류'라는 주제로 실시한 설문조사 결과에 따르면, 중국 사람들은 한류 하면 생각나는 한류 대표상품으로 한국 음악그룹, 한류 드라마, 한국어, 서울, 한복, 김치, TV종합예술, 삼성전자, 성형, 길거리 댄스 등을 꼽은 것으로 나타났다. 강보유, "세계속의 한류: 중국에서의 한류와 한국어교육 그리고 한국문화전파", 『한국언어문화학』 제4권

사진 3.28 중국조선족민속원 내 대장금 여주인공

로 문화관련 산업이 큰 인기를 끌면서 한국의 이미지를 제고하는 데 크게 기여를 했다. 예컨대, 한국인에 대한 중국인의 호감도를 보면, 2004년에 47.1%였던 것이 2006년에는 82.3%로 급상승하였다.[73]

그러나 대장금 방영 이후, 중국국가광전총국(이하 광전총국)과 CCTV는 2006년 초부터 외국 드라마의 수입과 방송규제를 대폭 강화하기 시작했다. 광전총국은 하루 방영하는 드라마 프로그램 중 외국 드라마를 25% 이내로 제한하고, 저녁 7시부터 10시까지는 외국 드라마를 방영할 수 없게 했다. 이러한 결과로 2006년 CCTV 드라마 시청률 순위에서 한국 드라마는 상위 20위 안에 단 한 편도 들지 못했다. 이와 같이 한국의 드라마는 중국에서 한류 열풍의 견인차 역할을 담당하고 2004년과 2005년에 최고의 인기를 구가했지만, 2006년 정부의 규제정책 이후부터는 서서히 퇴조하는 현상을 보였다.[74] 이러한 정부의 규제정책으로 한동안 침체기에 있었

제1호, 국제한국언어문화학회, 2007, p. 3에서 재인용.

73 강보유(2007), p. 4.

74 강내영(2008), p. 458.

던 한류는 최근 들어와서 새로운 신드롬을 일으키고 있다. 2013년에 드라마 〈주군의 태양〉, 〈상속자〉, 〈별에서 온 그대〉 등이 중국에 방영되면서 큰 인기를 얻었다.

중국에서 한류는 드라마와 K-Pop, 영화 등을 통해 단순히 한국의 대중문화를 수용하는 것이 아니라 한국의 언어, 음식 등 한국문화 전반에 대한 관심을 높이고 한국문화를 직접 배우려는 데 큰 영향을 미치고 있다. 대장금 열풍이 있었던 2005년에는 중국의 40여 개 대학이 한국어 학과를 개설했다.[75] 연변과학기술대학교에서는 2006년부터 '한족 학생 한글 글짓기 대회'를 개최하고 있는데, 이 대회에서 입상한 학생들에게는 한국을 직접 체험하는 한국방문의 기회를 제공하고 있다. 또한 한류의 확산으로 한국의 국제적 위상이 높아지면서 일부 한족이 조선족학교로 자녀를 입학시키고 있다.[76]

중국 연변지역에 거주하고 있는 조선족들은 한류 열풍의 직접적인 수혜자이면서 향유자이다. 연변지역은 한반도와 러시아 간 국경을 마주하는 경계지역으로서 모국과 거주국을 연결하는 지리적 거점지이며, 한국의 TV를 직접 시청할 수 있다는 지리적 이점을 가지고 있다. 이러한 배경과 함께 2005년 〈대장금〉의 방영으로 한류는 연변조선족사회에 많은 영향을 미쳤다. 대표적으로 한국 음식문화에 대한 관심이 고조되자 연변조선족들은 2006년 7월에 '연변조선족전통음식협회'를 설립했다.[77] 이 단체는 연변대학과 합작으로 연변대학 평생교육학원에 한식요리 실습기지 양성반을 개설하여 운영하고 있으며,[78] 2010년 12월 4일에 '제2회 대한민국 한류산업대상 시상식'에서 한류 음식 부문 특별상을 수상하기도 했다. 연변조

75 『길림신문』, 2005/12/27.

76 『한국대학신문』, 2014/01/05.

77 자세한 내용은 연변조선족전통음식협회 홈페이지(http://www.jindalai.org)를 참조.

78 『월드코리안』, 2014/05/19.

선족사회는 중국조선족의 독특한 민속과 문화를 일체화한 '중국조선족민속원' 내에 대장금의 여주인공의 간판을 설치하여 관광객을 유치하고 있다. 이처럼 연변조선족들은 한류 콘텐츠를 중국 지역에 전파하는 교량자 역할을 담당하고 있다.

(2) 중국조선족의 한류 인식

중국조선족의 한류 인식에 대한 결과는 〈표 3.40〉과 같다. 첫째, '모국

표 3.40 중국조선족의 한류 인식(N(%))

변인 \ 척도		전혀 그렇지 않다	그렇지 않다	보통이다	그런 편이다	매우 그렇다
모국의 이미지 및 제품 선호도	모국에 대한 이미지 제고	24 (14.0)	16 (9.3)	59 (34.3)	54 (31.4)	19 (11.0)
	모국 사람에 대한 이미지 제고	18 (10.5)	24 (14.0)	72 (41.9)	42 (24.4)	16 (9.3)
	모국어 학습 의향	47 (27.3)	21 (12.2)	58 (33.7)	31 (18.0)	15 (8.7)
	모국 방문 의향	34 (19.8)	26 (15.1)	47 (27.3)	44 (25.6)	21 (12.2)
	모국의 상품 구매 의향	10 (5.8)	19 (11.0)	65 (37.8)	56 (32.6)	22 (12.8)
모국과 거주국 간 관계	한·중 간의 역사문제 이해	35 (20.3)	21 (12.2)	72 (41.9)	26 (15.1)	18 (10.5)
	모국과의 우호관계 강화	19 (11.0)	22 (12.8)	76 (44.2)	36 (20.9)	19 (11.1)
디아스포라에 대한 인식 및 이미지	조선족에 대한 차별 의식 약화	26 (15.1)	31 (18.0)	69 (40.1)	35 (20.3)	11 (6.4)
	조선족의 자긍심 제고	16 (9.3)	21 (12.2)	58 (33.7)	56 (32.6)	21 (12.2)
	조선족의 이미지 제고	15 (8.7)	17 (9.9)	69 (40.1)	50 (29.1)	21 (12.2)

의 이미지 및 제품 선호도'와 관련된 항목들의 결과를 살펴보면, '모국의 상품 구매 의향' 항목에서 전체의 78명(45.4%)이 긍정적인 답변을 해 가장 높은 비율을 보였다. '모국에 대한 이미지 제고' 항목에서는 '그런 편이다'(31.4%), '매우 그렇다'(11.0%)로 긍정적인 답변을 한 응답자가 전체의 73명(42.4%)을 차지해 부정적인 답변을 한 경우(40명, 23.3%)보다 많은 것으로 나타났다. '모국 방문 의향' 항목에서는 '그런 편이다'(25.6%), '매우 그렇다'(12.2%)로 긍정적인 답변을 한 응답자가 전체의 65명(37.8%)을 차지해 부정적인 답변을 한 응답자(60명, 34.9%)보다 많았다. '모국 사람에 대한 이미지 제고' 항목에서는 '그런 편이다'(24.4%), '매우 그렇다'(9.3%)로 긍정적인 답변을 한 응답자가 전체의 58명(33.7%)으로 부정적인 답변을 한 응답자(42명, 24.4%)보다 많았다. 반면, '모국어 학습 의향' 항목에서는 '전혀 그렇지 않다'(27.3%), '그렇지 않다'(12.2%)로 부정적인 답변을 한 응답자가 전체의 68명(39.5%)으로 긍정적인 답변을 한 응답자(46명, 26.7%)보다 많은 것으로 나타났다.

둘째, '모국과 거주국 간 관계'와 관련된 항목들의 결과를 살펴보면, '모국과의 우호관계 강화' 항목에서는 '그런 편이다'(20.9%), '매우 그렇다'(11.0%)로 긍정적인 답변을 한 응답자가 전체의 55명(32.0%)으로 부정적인 답변을 한 응답자(41명, 23.8%)보다 많은 것으로 나타났다. 반면, '한·중 간의 역사문제 이해' 항목에서는 '전혀 그렇지 않다'(20.3%), '그렇지 않다'(12.2%)로 부정적인 답변을 한 응답자가 전체의 56명(32.5%)으로 긍정적인 답변을 한 응답자(44명, 25.6%)보다 약간 우세한 것으로 나타났다.

셋째, '디아스포라에 대한 인식 및 이미지'와 관련된 항목들의 결과를 살펴보면, '조선족의 자긍심 제고' 항목에서는 '그런 편이다'(32.6%), '매우 그렇다'(12.2%)로 긍정적인 답변을 한 응답자가 전체의 77명(44.8%)으로 부정적인 답변을 한 응답자(37명, 21.5%)보다 많은 것으로 나타났다. '조선족의 이미지 제고' 항목에서는 '그런 편이다'(29.1%), '매우 그렇다'(12.2%)로 긍정적인 답변을 한 응답자가 전체의 71명(41.3%)으로 부정적인 답변을 한 응답자(32

명, 18.6%)보다 많은 것으로 나타났다. 반면, '조선족에 대한 차별 의식 약화' 항목에서는 '전혀 그렇지 않다'(15.1%), '그렇지 않다'(18.0%)로 부정적인 답변을 한 응답자가 전체의 57명(33.1%)으로 긍정적인 답변을 한 응답자(46명, 26.7%)보다 약간 우세한 것으로 나타났다.

중국조선족의 한류 인식에 대한 결과를 요약해보면, 조선족은 모국 및 모국 사람에 대한 이미지 제고, 모국 상품의 구매 의향, 조선족의 자긍심과 이미지 제고 등의 항목에서 비교적 긍정적인 답변이 많은 것으로 나타났다. 반면, 모국어 학습 의향, 한 · 중 간의 역사문제, 조선족에 대한 차별 의식 등의 항목에서는 부정적인 답변이 많은 것으로 나타났다. 이러한 결과는 현재 중국조선족의 정체성과 밀접한 연관이 있는 것으로 보인다. 즉 중국조선족이 갖고 있는 국가정체성과 민족정체성 간의 심리적 복잡성이 반영된 결과라 할 수 있다.

그러나 중국에서 한류가 지속되기 위해서는 다음과 같은 점을 주목해야 한다. 즉 모국과 디아스포라 간의 관계 개선을 위한 노력이 이루어져야 한다. 중국조선족은 1990년대 이후부터 모국에 이주하여 국내인들이 기피하는 3D업종에 종사하면서 모국 경제의 한 축을 담당하고 있음에도 불구하고 그에 대한 정당한 평가를 받고 있지 못한 것에 대해 상당한 불만을 가지고 있다. 이러한 모국사회에서의 차별과 배제의 경험은 고스란히 중국에 거주하고 있는 가족과 친지들에게도 영향을 미치고 있다. 따라서 한국사회에 거주하고 있는 조선족의 처우개선을 위한 정책 방안이 개발되어야 한다.

제4장
재일코리안의 문화영토

1. 문화접변 전략[1]

1) 재일코리안: 갈등과 공생

재일코리안은 일본 제국주의의 식민지 통치에 기인한다. 이러한 맥락에서 재일코리안은 중국조선족과는 달리 비자발적이면서 강제적인 성격의 이주가 대부분이었다. 특히 재일코리안은 억압의 당사국인 본토에 정착하게 됨으로써 다른 한민족 디아스포라에 비해 거주국 사회와의 많은 문제를 안고 살아가고 있는 것이 특징적이다.[2]

재일코리안 사회의 형성은 크게 세 단계로 구분하여 살펴볼 수 있다. 첫 번째 시기는 1910년 강제병합 이후 한반도에서 일본으로의 이주가 본격적으로 이루어졌으며, 이 시기는 주로 식민지 정책으로 인해 삶의 기반을 상실한 농민들이 주로 이주했다. 두 번째 시기는 1939년 이후 태평양전쟁을 수행하기 위해 국가적 차원의 강제동원이 이루어졌다. 1939년부터 1945년까지 일본 본토로 강제징용된 조선인은 약 70여만 명이었으며, 이들은 주로 석탄광산, 금속광산, 토목공사 부문에 배치되어 가혹한 노동에 시달려야만 했다.[3] 세 번째 시기는 1989년 한국정부의 해외여행 자유화 조치가 이루어지면서 자발적인 노동이주가 본격적으로 이루어졌다. 특히 이들은 도쿄지역을 중심으로 코리안타운을 형성하고 있다.

2013년 외교부 자료에 의하면, 재일코리안은 총 892,704명이며, 영주권자가 442,790명, 귀화자가 345,774명, 일반체류자가 82,376명, 유학생이 21,764명이다. 지역별 거주 현황을 살펴보면, 재일코리안의 최대 정주

---

1 선봉규, "한민족 디아스포라의 문화변용 연구: 중국조선족과 재일코리안을 중심으로", 『민족문화논총』 제56집, 2014. pp. 329-357의 자료를 부분적으로 발췌함.

2 이문웅(1996), 『세계의 한민족: 일본』, 통일원, p. 51.

3 이문웅(1996), p. 61.

지인 오사카부에 124,167명이 살고 있으며, 1980년대 이후 한인의 이주가 집중되면서 코리아타운이 형성된 도쿄도에 104,915명이 정주하고 있다. 효고현에 50,438명, 아이치현에 39,502명, 가나가와현에 32,525명, 교토부에 30,815명, 후쿠오카현에 18,390명, 사이타마현에 18,377명, 치바현에 17,630명, 히로시마현에 10,334명이 거주하고 있다. 이처럼 재일코리안은 일본의 주요 10개 지역에 전체의 절반이 넘는 447,093명이 거주하고 있다.

역사적으로 재일코리안 사회는 식민지 지배와 피지배의 관계를 반영하는 공간적 특성을 가지고 있으며, 재일코리안의 정주는 대부분 빈곤과 비위생 지역에 집중되었다. 이것은 곧 재일코리안에 대한 일본인의 편견을 확대재생산 하는 기제가 되었다.[4] 아울러 재일코리안은 한반도의 분단으로 인해 체제경쟁에 민감하게 반응할 수밖에 없는 경계인으로서 이중적 배제를 경험하게 되었다.

그런데 1989년 해외여행 자유화 조치 이후 자발적으로 일본사회에 유입된 뉴커머[5]들이 도쿄를 중심으로 코리아타운을 형성하였고, 이들 중 일부는 오사카 이쿠노쿠 코리아타운으로 유입되어 올드커머와 함께 정주하고 있다. 특히 2000년대 초반 한류 붐 영향으로 도쿄와 오사카 코리아타운은 다양한 문화가 만나고 상생하는 다문화공간의 의미를 가지게 되었다.[6]

2) 재일코리안의 문화접변 전략 양상

재일코리안의 문화접변 전략 양상을 보면 〈표 4.1〉과 같다.

---

4 청암대학교 재일코리안연구소 편(2013), 『재일코리안 디아스포라의 형성: 이주와 정주를 중심으로』, 선인, p. 356.

5 일반적으로 재일코리안은 크게 올드커머(old comer)와 뉴커머(new comer)로 구분하는데, 올드커머는 일제 식민지시기에 일본으로 유입된 사람들과 그들의 후손을 의미하며, 뉴커머는 1989년 한국의 해외여행 자유화 조치 이후 일본으로 유입된 사람들을 말한다.

6 손미경(2013), 「'문화플랫폼'으로서 도쿄·오사카 코리아 타운 연구」, 한국외국어대학교 대학원 박사학위논문.

표 4.1 재일코리안의 문화접변 전략

유형	평균(M)	표준편차(SD)	t(p)
동화	2.385	.9382	2.335 (.021)
분리	3.125	.7355	1.913 (.057)
통합	3.840	.8878	-2.505 (.013)
주변화	2.272	.7199	-4.331 (.000)

재일코리안은 전반적으로 통합전략을 가장 많이 구사하는 것으로 조사되었다. 다음으로 분리전략, 동화전략, 주변화전략 순으로 나타났다. 이러한 사실은 재일코리안이 한민족의 고유한 전통문화와 정체성을 잘 유지, 계승함과 동시에 정착사회의 문화 수용 및 사회적 관계 형성에 긍정적인 태도를 갖고 있는 것으로 볼 수 있다.

재일코리안은 중국조선족에 비해 주변화유형이 상대적으로 높은 것으로 나타났다. 이러한 배경에는 무엇보다 일본의 외국인에 대한 정책이 기본적으로 차별적이고 배제적인 태도를 취하고 있기 때문이다. 물론 최근에는 다문화공생 정책으로 변화하고 있는 모습을 보이고 있는 것은 사실이다. 현재 재일코리안의 대부분은 일제 식민지 시대에 전쟁 수행을 위해 강제적인 징용이나 징병으로 일본에 끌려간 사람들과 그 후손들이다. 재일코리안은 종전 후 지금까지 계속 일본 정부와 일본 국민의 차별과 배제의 시선 속에서 삶을 살아오고 있다.[7] 최근 아베정권은 2010년부터 시행되어온 '고교무상화법'에서 유일하게 조선학교만을 배제시키면서 일본사회뿐만 아니라 국제사회에서 많은 비판을 불러일으킨 바 있다.[8] 이러한

7 미주한국일보(http://www.koreatimes.com/article/40460, 검색일: 2013.10.27)

8 유엔 사회규약위원회에서는 지난 5월 21일 유엔 사이트를 통해 "일본 정부가 고교무상화 제도에

아베정권의 조선학교에 대한 차별은 현재 일본 사회에서 확산되고 있는 재일코리안에 대한 차별과 배제의 한 맥락이라 볼 수 있다.

29개 문화접변 척도에 대한 구체적인 분석 결과를 보면 〈표 4.2〉와 같다. 재일코리안은 전체적으로 EAAM 29개 항목에서 통합유형 척도 중 "모든 사람들이 나를 소중히 여긴다고 느낀다"의 평균값(3.99)이 가장 높은 것으로 나타났다. 다음으로는 "내 주변의 모든 사람들에게 편안함을 느낀다"(3.79), "재일코리안뿐만 아니라 현지인 친구가 있다"(3.74), "두 가지 언어로 농담을 다 할 수 있다"(2.78), "한국어로 생각한 것처럼 일본어로도 생각할 수 있다"(2.03) 순으로 나타났다.

동화유형 척도에서는 "재일코리안보다 일본인들과 더 잘 어울린다"가 평균 2.71로 가장 높았다. 다음으로 "재일코리안보다 일본인들에게 내 감정을 잘 전달할 수 있다"(2.69), "재일코리안보다 일본인들과 교제하는 것이 더 편하다"(2.55), "직장이나 학교에서 내 친구의 대부분은 일본인들이다"(2.54), "재일코리안보다 일본인들이 나를 잘 이해하는 것 같다"(2.40), "일본어로 글쓰기를 더 잘한다"(1.56), "집에서 주로 일본어를 사용한다"와 "시를 쓴다면 일본어로 쓰는 것을 더 좋아한다"(1.49) 순으로 나타났다.

분리유형 척도에서는 "재일코리안들이 더 평등하게 대해 준다고 느낀다"의 항목 평균이 3.52로 가장 높았다. 다음으로 "재일코리안들이 구성원인 사교모임에 가기를 좋아한다"(3.34), "재일코리안들과 만나는 것을 더 좋아한다"(3.07), "친한 친구들은 재일코리안들이다"(3.03), "재일코리안들이 한민족 이외의 사람들과 만나서는 안 된다고 생각한다"(2.91), "재일코리안들과 함께 있을 때 편안하다"(2.78), "주로 한민족 음악을 듣는다"(2.68) 순으로 나타났다.

조선학교를 배제하는 것은 차별로서 우려하는 바이다"라는 최종 견해를 밝혔다. 월드코리안, 2013년 5월 23일.

표 4.2 재일코리안의 문화접변 척도 결과

유형	문화접변 척도	평균 (M)	표준편차 (SD)
동화	일본어로 글쓰기를 더 잘한다.	1.56	.539
	집에서 주로 일본어를 사용한다.	1.49	.781
	시를 쓴다면 일본어로 쓰는 것을 더 좋아한다.	1.49	1.436
	재일코리안보다 일본인들과 더 잘 어울린다.	2.71	1.589
	재일코리안보다 일본인들이 나를 잘 이해하는 것 같다.	2.40	1.388
	재일코리안보다 일본인들에게 내 감정을 잘 전달할 수 있다.	2.69	.933
	재일코리안보다 일본인들과 교제하는 것이 더 편하다.	2.55	.857
	직장이나 학교에서 내 친구의 대부분은 일본인들이다.	2.54	.882
분리	주로 한민족 음악을 듣는다.	2.68	.877
	친한 친구들은 재일코리안들이다.	3.03	1.109
	재일코리안들이 구성원인 사교모임에 가기를 좋아한다.	3.34	1.113
	재일코리안들이 더 평등하게 대해 준다고 느낀다.	3.52	1.005
	재일코리안들과 만나는 것을 더 좋아한다.	3.07	1.018
	재일코리안들과 함께 있을 때 편안하다.	2.78	.784
	재일코리안들이 한민족 이외의 사람들과 만나서는 안 된다고 생각한다.	2.91	.847
통합	두 가지 언어로 농담을 다 할 수 있다.	2.78	.943
	한국어로 생각한 것처럼 일본어로도 생각할 수 있다.	2.03	.956
	재일코리안뿐만 아니라 현지인 친구가 있다.	3.74	1.216
	모든 사람들이 나를 소중히 여긴다고 느낀다.	3.99	1.216
	내 주변의 모든 사람들에게 편안함을 느낀다.	3.79	.893
주변화	누군가와 교제하는 것이 어렵다.	3.57	.791
	가끔 모든 사람들이 나를 좋아하지 않는다고 느낀다.	3.29	.870
	아무도 나를 이해하지 않는다고 생각할 때가 자주 있다.	2.29	.857
	가끔 모든 사람들과 소통하는 것이 어렵다.	2.21	.857
	가끔 친구 사귀기가 어렵다는 것을 알았다.	2.24	.903
	가끔 모든 사람들이 나를 인정해주지 않는다고 생각한다.	2.16	.875
	가끔 모든 사람들을 신뢰하기 어렵다.	2.23	.965
	종종 모든 사람들이 나를 이해하기 어렵다고 생각한다.	2.23	.946
	다른 사람들과 함께 있을 때 편안함을 느끼지 못한다.	2.41	.947

주변화유형 척도에서는 "누군가와 교제하는 것이 어렵다" 항목이 가장 높은 평균점수(3.57)를 보였다. 다음으로 "가끔 모든 사람들이 나를 좋아하지 않는다고 느낀다"(3.29), "다른 사람들과 함께 있을 때 편안함을 느끼지 못한다"(2.41), "아무도 나를 이해하지 않는다고 생각할 때가 자주 있다"(2.29), "가끔 친구 사귀기가 어렵다는 것을 알았다"(2.24), "가끔 모든 사람들을 신뢰하기 어렵다"와 "종종 모든 사람들이 나를 이해하기 어렵다고 생각한다"(2.23), "가끔 모든 사람들과 소통하는 것이 어렵다"(2.21), "가끔 모든 사람들이 나를 인정해주지 않는다고 생각한다"(2.16) 순으로 나타났다.

2. 민속문화 향유와 정체성

1) 재일코리안의 민속문화 생활

일본사회에서 이루어지고 있는 세시풍속을 보면, 1월에는 설날이 있으며, 1월 둘째 주 월요일에는 성년식이 있다. 2월에는 음력 설날이 있으며, 14일에는 현대적 명절인 발렌타인데이가 있다. 3월에는 3일에 히나마츠리라 부르는 소녀들의 통과의례인 명절이 있고, 춘분에는 불교행사를 하는 날이면서 공휴일이다. 4월은 학교, 직장이 시작하는 달로서, 특히 벚꽃이 한창 피는 시기라 벚꽃놀이를 많이 한다. 5월에는 첫 주에 고루덴위쿠라고 해서 약 1주일 동안 연휴가 있다. 5일은 음력 단고에서 유래된 어린이날인데, 이날은 전통적으로 남자아이들을 위한 명절이다. 6월에는 아버지의 날이 있고, 하지가 있다. 7월에는 7일에 타나바타, 즉 칠석이 있다. 이날은 타나바타마츠리(칠석제)라고 하여 각 지방마다 축제를 열고 있다. 7월 말부터 8월 초에는 각 지방에서 하나비다이카이(불꽃놀이축제)가 열린다. 8월에는 가장 중요한 명절인 오봉이 있다. 오봉은 우리 민족의 추석과 같은 의미인데, 일본 사람들은 고향에 돌아가서 친족들끼리 모여 성묘하기도 한다. 8월은 특히 재일코리안들에게 중요한 달로서, 8월 15일 광복절이 있다. 이날에는 민단과 조총련에서 각 지역마다 광복절 기념행사를 개최하고 있다. 9월에는 노인의 날이 있고, 추석이 있다. 특히 이달에는 1923년 관동대지진 희생자들을 추모하는 행사가 있다. 10월에는 체육의 날이 있다. 11월에는 15일에 시치고산이라는 일본의 명절이 있다. 이날은 7살, 5살, 3살이 되는 어린이들이 전통의상을 입고 신사를 참배하면서 아이들의 무사성장과 건강을 기원한다. 12월에는 망년회를 열고, 31일 섣달그믐밤에는 소바 국수를 먹는 풍습이 있다.[9]

표 4.3 일본의 세시풍속

월	주요 행사명
1월	설날, 성년식
2월	입춘, 음력 설날, 발렌타인데이
3월	히나마츠리, 화이트데이, 춘분
4월	벚꽃놀이, 미도리의 날
5월	고루덴위쿠, 어린이의 날, 단고, 고이노보리, 어머니의 날
6월	뉴바이, 아버지의 날, 하지
7월	타나바타(칠석), 불꽃놀이 축제
8월	오봉, 광복절
9월	경로의 날, 추석, 추분
10월	체육의 날
11월	시치고산, 동지
12월	크리스마스, 망년회, 오오미소카

출처: 정병호, “세시와 놀이”, 『일본 관서지역 한인동포의 생활문화』, 2002, p. 291에서 재인용.

9 정병호, “세시와 놀이”, 『일본 관서지역 한인동포의 생활문화』, 국립민속박물관, 2002, pp. 286-292.

재일코리안에게 있어서 우리 민족의 고유한 전통명절, 민속놀이 및 음악, 축제 등은 일본 사회 속에서 스스로의 문화적 정체성을 확인하고 공유하는 중요한 장이다.[10] 재일코리안의 민족문화 향유를 알아보기 위해 민족명절, 민속놀이, 전통 옷(한복), 인생의례, 민족음악 등을 중심으로 설문조사 결과를 살펴보면 다음과 같다.

(1) 민족명절

재일코리안이 일본에서 살아가면서 우리 민족의 고유한 명절을 어느 정도 향유하고 있는지 살펴보았다. 〈표 4.4〉에 의하면, 재일코리안은 현재 가정에서 지내고 있는 명절로 설날(53.8%)을 가장 많이 꼽았다. 다음으로 추석(34.8%), 정월 보름(4.5%), 동지(3.8%), 한식과 단오 순으로 나타났다.

표 4.4 재일코리안의 민족명절 향유(중복응답, N(%))

설날	정월 보름	한식	단오	추석	동지
71(53.8)	6(4.5)	2(1.5)	2(1.5)	46(34.8)	5(3.8)

(2) 민속놀이

재일코리안들이 일본사회에서 직접 경험해 본 민속놀이는 화투놀이(16.5%)가 가장 많은 것으로 나타났다. 다음으로 윷놀이(13.5%), 장기(10.3%), 줄다리기(8.9%), 씨름(8.5%), 연날리기(8.2%), 제기차기(7.8%), 팽이치기(7.5%), 공기놀이(6.4%), 널뛰기(4.4%), 그네뛰기(3.8%), 강강술래(3.8%), 딱지치기(0.8%) 순으로 나타났다.

10 정병호, "세시와 놀이", 『일본 관서지역 한인동포의 생활문화』, 국립민속박물관, 2002, p. 297.

표 4.5 민속놀이(중복응답, N(%))

윷놀이	널뛰기	연날리기	줄다리기	그네뛰기	씨름	제기차기
68(13.5)	22(4.4)	41(8.2)	45(8.9)	19(3.8)	43(8.5)	39(7.8)
공기놀이	팽이치기	강강술래	장기	화투놀이	딱지치기	
32(6.4)	36(7.5)	19(3.8)	52(10.3)	83(16.5)	4(0.8)	

(3) 인생의례

의례는 일상생활 속에서 민족적 정체성을 표현하는 중요한 상징기제이다.[11] 재일코리안의 대표적인 인생의례인 돌잔치, 결혼식, 회갑 등의 향유 실태를 보면 아래 〈표 4.6〉과 같다. 재일코리안들은 결혼식의 경우 82.5%가 잘 지키고 있으며, 돌잔치는 56.7%, 회갑 잔치는 42.1%가 치르고 있는 것으로 나타났다.

표 4.6 인생의례 향유 정도(N(%))

항목	돌	결혼식	회갑
지킨다	51(56.7)	80(82.5)	40(42.1)
안 지킨다	21(23.3)	14(14.4)	32(33.7)
잘 모르겠다	18(20.0)	3(3.1)	23(24.2)

재일코리안의 성묘, 세배, 제사 의례의 향유 실태를 보면, 조상에 대한 성묘는 62.5%가 지킨다고 응답했으며, 세배는 74.0%가 지키며, 제사는 65.6%가 지키는 것으로 나타났다.

표 4.7 성묘 · 세배 · 제사 향유 정도(N(%))

항목	성묘	세배	제사
지킨다	60(62.5)	71(74.0)	63(65.6)
안 지킨다	28(29.2)	24(25.0)	31(32.3)
잘 모르겠다	8(8.3)	1(1.0)	2(2.1)

11 오지은, "의례와 신앙생활", 『일본 관서지역 한인동포의 생활문화』, 국립민속박물관, 2002, p. 210.

(4) 전통의상과 전통음악

① 한복

재일코리안의 한민족의 전통의상인 한복의 착용 경험 실태를 살펴보면, 전반적으로 자주 입지 않은 것으로 나타났다. "지금까지 1-2회 정도 입었다"가 전체의 76.1%를 차지하였으며, "한 번도 입어 본 적이 없다"가 12.0%, "행사 때마다 자주 입는다"가 7.6%, "1년에 1-2회 정도 입는다"가 4.3%인 것으로 나타났다.

표 4.8 한복 착용 경험(N(%))

항목	빈도(비율)
한 번도 입어 본 적이 없다.	11(12.0)
지금까지 1-2회 정도 입었다.	70(76.1)
1년에 1-2회 정도 입는다.	4(4.3)
행사 때마다 자주 입는다.	7(7.6)
항상 입는다.	-

재일코리안들은 한복을 주로 결혼식과 같은 집안 행사 때에는 56.0%가 입은 것으로 나타났고, 명절 때에는 18.3%, 교회 행사에는 11.9%, 축제에는 8.3%, 제사에는 1.8%인 것으로 나타났다.

표 4.9 한복을 입는 경우(중복응답, N(%))

항목	빈도(비율)
명절	20(18.3)
제사	2(1.8)
축제	9(8.3)
결혼식, 집안 행사	61(56.0)
교회 행사, 외부 행사	13(11.9)
기타	4(3.71)

② 전통 민족음악

재일코리안의 전통 민족음악 향유 실태를 보면, 아리랑은 74.0%가 직접 부른 적이 있다고 응답했으며, 판소리는 42.9%, 농악은 49.5%, 탈춤은 37.2%로 나타났다. 직접 참여하지는 않았지만 들어본 경험이 있는 경우에는 아리랑이 97.92%, 판소리가 93.8%, 농악이 85.41%, 탈춤이 85.3%인 것으로 나타났다.

표 4.10 전통 민족음악 향유 정도(N(%))

항목	직접 한 적이 있다		들은 적이 있다	
	있다	없다	있다	없다
아리랑	71(74.0)	25(26.0)	95(97.9)	2(2.1)
판소리	42(42.9)	53(54.1)	91(93.8)	6(6.2)
농악	46(49.5)	47(50.5)	82(85.4)	14(14.6)
탈춤	35(37.2)	59(62.8)	81(85.3)	14(14.8)

2) 거주국의 민속문화 생활

(1) 일본의 민족명절

재일코리안들은 거주국인 일본의 민족명절을 얼마나 잘 지키고 있는지 살펴보았다. 재일코리안은 일본의 전통 명절 중에서 연말 행사(28.5%)를 가장 많이 꼽았다. 다음으로 설날(24.3%), 성인식(15.4%), 시치고산(10.3%), 히나마쯔리(9.8%), 중추(7.0%), 춘분(4.7%) 순으로 나타났다.

표 4.11 일본의 민족명절 향유 정도(중복응답, N(%))

お正月(元旦)	節分	ひな祭り	七五三參り	年末	仲秋(お盆)	成人式
52(24.3)	10(4.7)	21(9.8)	22(10.3)	61(28.5)	15(7.0)	33(15.4)

(2) 일본의 민속놀이

재일코리안의 일본 전통 민속놀이 향유 실태를 보면, 본오도리(백중맞이춤)가 39.8%로 가장 많았고, 오리가미(종이접기)가 18.1%, 오테다마(공기놀이)가 16.7%, 쇼오기(장기)가 10.9%, 스모가 4.3% 순으로 나타났다.

표 4.12 일본의 민속놀이 향유 정도(중복응답, N(%))

相撲	盆踊り	將棋	福笑い	お手玉	折り紙
6(4.3)	55(39.9)	15(10.9)	14(10.1)	23(16.7)	25(18.1)

(3) 일본의 전통의상

한민족에게 한복이라는 민족 전통의상이 있듯이 일본의 전통의상은 기모노가 있다. 재일코리안의 일본 전통의상 착용 경험을 조사한 결과, "한 번도 입어 본 적이 없다"가 전체의 75.3%를 차지하였으며, "지금까지 1-2회 정도 입었다"가 22.6%, "1년에 1-2회 정도 입는다"가 2.2% 순으로 나타났다.

표 4.13 일본의 전통의상 착용 경험(N(%))

항목	빈도(비율)
한 번도 입어 본 적이 없다.	70(75.3)
지금까지 1-2회 정도 입었다.	21(22.6)
1년에 1-2회 정도 입는다.	2(2.2)
행사 때마다 자주 입는다.	-
항상 입는다.	-

재일코리안들은 일본의 전통의상을 언제 입어본 적이 있는지 조사한 결과, 축제 때 입는다는 것이 22.4%로 나타났고, 결혼식에는 6.1%, 시치고산에 3.1%, 성인식에 2.0% 순으로 나타났다.

표 4.14 일본의 전통의상 착용 사례(N(%))

항목	빈도(비율)
축제	22(22.4)
결혼식	6(6.1)
장례식	-
성인식	2(2.0)
시치고산(七五三)	3(3.1)
기타	8(8.2)

(4) 일본의 전통음악

재일코리안의 일본 전통음악 향유 실태를 조사한 결과를 보면, 가가쿠는 9.5%가 부른 적이 있는 것으로 나타났으며, 들은 적이 있는 경우는 22.9%로 나타났다. 노우가쿠는 14.9%가 직접 해본 적이 있으며, 32.6%는 들은 적이 있는 것으로 나타났다. 죠우루리는 7.4%가 직접 경험한 적이 있으며, 21.0%는 들은 적이 있는 것으로 나타났다. 가부키는 25.5%가 직접 경험했으며, 73.7%는 들은 적이 있는 것으로 나타났다. 재일코리안들은 네 가지의 전통음악 중에서 일본의 전통 공연 예술인 가부키가 가장 친숙한 것으로 나타났다.

표 4.15 일본의 전통음악 향유 정도(N(%))

항목	직접 한 적이 있다		들은 적이 있다	
	있다	없다	있다	없다
가가쿠	9(9.5)	86(90.5)	22(22.9)	74(77.1)
노우가쿠	14(14.9)	80(85.1)	31(32.6)	64(67.4)
죠우루리	7(7.4)	87(92.6)	20(21.0)	75(79.0)
가부키	24(25.5)	70(74.5)	70(73.7)	25(26.3)

3) 모국문화 이해와 거주국의 생활만족

재일코리안은 일본 식민통치의 직접적인 영향을 받았으며, 특히 일본 정부의 차별, 배제정책으로 일본사회에서 주변인으로 살아왔다. 그러나 최근에는 재일코리안사회가 세대교체가 이루어지면서 일본으로 귀화한 재일코리안들이 증가하고 있다. 이러한 사회 변화 속에서 재일코리안의 정체성은 어떠한 양상을 보이고 있는지 살펴보면 〈표 4.16〉과 같다.

표 4.16 재일코리안의 민족의식(N/(%))

변인 \ 척도	전혀 그렇지 않다	그렇지 않다	보통이다	그런 편이다	매우 그렇다
나는 한민족의 자손(가족)인 것에 긍지를 가지고 있다	1 (1.0)	2 (2.1)	37 (38.1)	31 (32.0)	26 (26.8)
나는 한국의 역사, 전통문화 등을 이해하려고 노력하고 있다.	1 (1.0)	3 (3.1)	27 (27.8)	43 (44.3)	23 (23.7)
나는 한국문화가 더 중요하다고 생각한다.	8 (8.2)	21 (21.6)	39 (40.2)	17 (17.5)	12 (12.4)
나는 한민족(가족) 이민 역사에 대해 잘 알고 있다.	3 (3.1)	14 (14.4)	40 (41.2)	27 (27.8)	13 (13.4)
나는 한민족의 일원인 것에 자부심을 가지고 있다.	2 (2.1)	3 (3.1)	46 (47.4)	33 (34.0)	13 (13.4)
나는 한국인이라고 생각한다.	-	8 (8.2)	17 (17.5)	33 (34.0)	39 (40.2)
나는 언제든 한국으로 돌아가서 살고 싶다.	24 (25.0)	28 (29.2)	20 (20.8)	7 (7.3)	14 (17.7)
나는 주로 한국 사람들을 만난다.	3 (3.1)	26 (26.8)	40 (41.2)	17 (17.5)	11 (11.3)
나는 재일코리안에 대한 강한 귀속의식을 가지고 있다.	4 (4.1)	11 (11.3)	46 (47.4)	19 (19.6)	17 (17.5)
나는 주로 재일코리안으로 구성된 여러 단체에 참여하고 있다.	11 (11.5)	27 (28.1)	23 (24.0)	17 (17.7)	18 (18.8)

변인 \ 척도	전혀 그렇지 않다	그렇지 않다	보통 이다	그런 편이다	매우 그렇다
나는 재일코리안이나 재일코리안 사회에 대하여 자주 이야기한다.	8 (8.2)	24 (24.7)	28 (28.9)	21 (21.6)	16 (16.5)
나는 내가 어느 나라 사람인지 잘 모르겠다.	35 (36.1)	30 (30.9)	24 (24.7)	5 (5.2)	3 (3.1)

(1) 민족의식

먼저, 재일코리안의 한민족의 역사 및 문화 등에 대한 인식을 보면, "나는 한민족의 자손인 것에 긍지를 가지고 있다" 항목은 전체의 50%가 긍정적인 응답을 한 반면, 14.6%는 부정적인 응답을 하였다. "나는 한국의 역사, 전통문화 등을 이해하려고 노력하고 있다" 항목은 68%가 긍정적인 답변을 하였고, 4.1%는 부정적인 답변을 하였다. "나는 한국문화가 더

사진 4.1 오사카 이쿠노쿠 재일코리안의 문패(권동호, 안동)

중요하다고 생각한다" 항목은 전체의 29.9%가 긍정적인 답변을 한 반면, 29.8%는 부정적인 답변을 하였다. "나는 한민족(가족)의 이민 역사에 대해 잘 알고 있다" 항목은 41.2%가 긍정적인 응답을 하였고, 17.5%는 부정적인 응답을 하였다. "나는 한민족의 일원인 것에 자부심을 가지고 있다" 항목은 47.4%가 긍정적인 답변을 한 반면, 5.2%는 부정적인 답변을 하였다. "나는 한국인이라고 생각한다" 항목은 전체의 74.2%가 긍정적인 답변을 하였으며, 8.2%만이 부정적인 답변을 하였다. "나는 언제든 한국으로 돌아가서 살고 싶다" 항목은 전체의 54.2%가 부정적인 응답을 한 반면, 25.0%는 긍정적인 응답을 하였다.

다음으로, 재일코리안에 대한 인식을 보면, "나는 재일코리안에 대한 강한 귀속의식을 가지고 있다" 항목은 37.1%가 긍정적인 답변을 하였고, 15.4%는 부정적인 답변을 하였다. "나는 주로 재일코리안으로 구성된 여

사진 4.2 오사카 이쿠노쿠 미유키도오리 코리아타운 식당 - 제주 돌하르방

러 단체에 적극 참여하고 있다" 항목은 36.5%가 긍정적인 응답을 하였고, 39.6%는 부정적인 응답을 하였다. "나는 재일코리안사회에 대하여 자주 이야기한다" 항목은 38.1%가 긍정적인 답변을 하였고, 32.9%는 부정적인 답변을 하였다. "나는 내가 어느 나라 사람인지 잘 모르겠다" 항목은 67.0%가 그렇지 않다라고 답변을 한 반면, 8.3%는 그렇다라고 답변을 하였다.

(2) 한민족 문화 이해

재일코리안의 한민족 문화에 대한 인식을 살펴보면 〈표 4.17〉과 같다.

표 4.17 재일코리안의 한민족 문화 이해(N(%))

변인 \ 척도		전혀 그렇지 않다	그렇지 않다	보통이다	그런 편이다	매우 그렇다
음식	나는 한국음식을 자주 해 먹는다	3 (3.1)	5 (5.2)	19 (19.6)	46 (47.4)	24 (24.7)
	나는 한국음식이 더 좋다.	1 (1.0)	3 (3.1)	35 (36.1)	36 (37.1)	22 (22.7)
노래	나는 주로 한국의 노래를 듣고 부른다	5 (5.2)	17 (17.5)	26 (26.8)	31 (32.0)	18 (18.6)
	나는 한국의 노래와 춤을 많이 알고 있으며 좋아한다.	6 (6.2)	11 (11.3)	31 (32.0)	35 (36.1)	14 (14.4)
한국어	나는 한국어를 열심히 배워야 한다고 생각한다.	41 (42.3)	10 (10.3)	18 (18.6)	22 (22.7)	6 (6.2)
	나는 한국어로 의사소통하는 데 어려움이 없다.	50 (52.1)	13 (13.5)	21 (21.9)	8 (8.3)	4 (4.2)
생활 예절	나는 한국의 생활예절을 잘 실천하고 있다.	3 (3.1)	22 (22.7)	32 (33.0)	28 (28.9)	12 (12.4)
	나는 한국의 생활예절을 잘 알고 있다.	5 (5.2)	11 (11.3)	18 (18.6)	30 (30.9)	33 (34.0)

먼저, 한민족의 음식에 대한 인식을 보면, "나는 한민족의 음식을 자주

해 먹는다" 항목은 72.1%가 긍정적인 응답을 하였고, 8.3%는 부정적인 응답을 하였다. "나는 한민족의 음식이 더 좋다" 항목은 59.8%가 긍정적인 응답을 하였고, 4.1%는 부정적인 응답을 하였다. 둘째, 노래와 춤에 대한 인식을 보면, "나는 주로 한국의 노래를 듣고 부른다" 항목은 50.6%가 긍정적인 응답을 하였고, 22.7%는 부정적인 응답을 하였다. "나는 한국의 노래와 춤을 많이 알고 있으며 좋아한다" 항목은 50.5%가 긍정적인 응답을 하였고, 17.5%는 부정적인 응답을 하였다. 셋째, 한국어에 대한 인식을 보면, "나는 한국어를 열심히 배워야 한다고 생각한다" 항목은 52.6%가 부정적인 응답을 한 반면, 28.9%는 부정적인 응답을 하였다. "나는 한국어로 의사소통하는데 어려움이 없다" 항목은 65.6%는 부정적인 응답을 한 반면, 12.5%가 긍정적인 응답을 하였다. 마지막으로, 한민족의 전통 생활예절에 대한 인식을 보면, "나는 한민족의 전통 생활예절을 잘 실천하고 있다" 항목은 41.3%가 긍정적인 응답을 하였고, 25.8%는 부정적인 응답을 하였다. "나는 한민족의 전통 생활예절을 잘 알고 있다" 항목은 64.9%가 긍정적인 응답을 하였고, 16.5%는 부정적인 응답을 하였다.

사진 4.3 오사카 성공회 이쿠노센터 - 장고

사진 4.4 오사카 이쿠노쿠 미유키도오리 코리아타운 식당 – 민속촌

(3) 사회단체 활동 및 일본 생활 만족도

재일코리안의 사회단체 활동 및 일본 생활에 대한 전반적인 인식을 살펴보면 〈표 4.18〉과 같다.

표 4.18 재일코리안의 사회단체 활동 및 일본 생활 만족도(N(%))

척도 / 변인	전혀 그렇지 않다	그렇지 않다	보통이다	그런 편이다	매우 그렇다
나는 일본에 있는 재일코리안 단체나 조직과 항상 연락을 취하고 있다.	23 (24.0)	23 (24.0)	12 (12.5)	20 (20.8)	18 (18.8)
나는 재일코리안 단체나 조직에 자주 참가하고 있다.	17 (17.7)	29 (30.2)	17 (17.7)	15 (15.6)	48 (18.8)
나는 향후 재일코리안이나 기타 여러 단체와 적극 교류하고 싶다.	8 (8.4)	20 (21.1)	38 (4.0)	16 (16.3)	13 (13.3)
나는 일본인단체(학교, 지역사회 등)에서 적극 활동하고 있다	14 (14.6)	18 (18.8)	36 (37.5)	23 (24.0)	5 (5.2)

척도 변인	전혀 그렇지 않다	그렇지 않다	보통이다	그런 편이다	매우 그렇다
나는 참가하고 있는 단체나 조직의 활동에 만족하고 있다.	13 (13.5)	14 (14.6)	48 (50.0)	18 (18.8)	3 (3.1)
나는 참가하고 있는 단체나 조직의 사람들과 자주 만난다.	6 (6.3)	17 (17.7)	29 (30.2)	31 (32.3)	13 (13.5)
나는 참가하고 있는 단체나 조직의 사람들과 친하다.	6 (6.3)	14 (14.7)	29 (30.5)	36 (37.9)	10 (10.5)
나는 일본의 재일코리안 취업지원 프로그램이나 한인정책을 잘 알고 있다.	11 (11.6)	32 (33.7)	33 (34.7)	15 (15.8)	4 (4.2)
나는 일본정부는 재일코리안들이 필요한 정보를 충분히 제공하고 있다고 생각한다.	8 (8.3)	45 (46.9)	38 (39.6)	4 (4.2)	1 (1.0)
나는 재일코리안들을 위한 일본의 정책이나 지원이 충분하다고 생각한다.	13 (13.7)	32 (33.7)	47 (49.5)	2 (2.1)	1 (1.1)
나는 현재 일본 생활에 만족하고 있다.	4 (4.2)	15 (15.6)	36 (37.5)	28 (39.2)	13 (13.5)

먼저, 재일코리안의 사회단체 활동에 대한 인식을 보면, "나는 재일코리안 단체나 조직과 항상 연락을 취하고 있다" 항목은 39.6%가 긍정적인 응답을 하였고, 48.0%는 부정적인 응답을 하였다. "나는 재일코리안 단체나 조직에 자주 참가하고 있다" 항목은 34.4%가 긍정적인 응답을 하였고, 47.9%는 부정적인 응답을 하였다. "나는 향후 재일코리안이나 기타 여러 단체와 적극 교류하고 싶다" 항목은 29.6%가 긍정적인 응답을 하였고, 29.5%는 부정적인 응답을 하였다. "나는 일본인단체(학교, 지역사회 등)에서 적극 활동하고 있다" 항목은 29.2%가 긍정적인 응답을 하였고, 33.4%는 부정적인 응답을 하였다. "나는 참가하고 있는 단체나 조직의 활동에 만족하고 있다" 항목은 21.9%가 긍정적인 응답을 하였고, 28.1%는 부정적인 응답을 하였다. "나는 참가하고 있는 단체나 조직의 사람들과 자주 만난다" 항목은 45.8%가 긍정적인 응답을 하였고, 24.0%는 부정적인 응답을 하였다. "나는 참가하고 있는 단체나 조직의 사람들과 친하다" 항목은

사진 4.5 오사카교회 노인대학

48.4%가 긍정적인 응답을 하였고, 21.0%는 부정적인 응답을 하였다.

다음으로, 일본정부의 재일코리안의 지원 활동에 대한 인식을 보면, "나는 일본의 재일코리안 취업지원 프로그램이나 정책을 잘 알고 있다" 항목은 20.0%가 긍정적인 응답을 하였고, 45.3%는 부정적인 응답을 하였다. "나는 일본정부는 재일코리안들이 필요한 정보를 충분히 제공하고 있다" 항목은 5.2%가 긍정적인 응답을 하였고, 55.2%는 부정적인 응답을 하였다. "나는 재일코리안들을 위한 일본의 정책이나 지원이 충분하다고 생각한다" 항목은 3.2%가 긍정적인 응답을 하였고, 47.4%는 부정적인 응답을 하였다. "나는 현재 일본 생활에 만족하고 있다" 항목은 전체의 과반이 넘는 52.7%가 긍정적인 응답을 하였고, 19.8%가 부정적인 응답을 하였다.

3. 축제문화와 한류

1) 원코리아 페스티벌: 통일과 공생의 기제[12]

(1) 재일코리안 사회와 원코리아 페스티벌

재일코리안은 일본인과 구분되지 않는 인종적 유사성과 식민지시대 이래 일관되게 적용되어 온 일본 정부의 동화주의 정책의 결과, 재일코리안의 민족적 정체성은 다른 재외동포와는 달리 '눈에 드러나지 않고(invisible)' 있다. 이처럼 재일코리안의 문화는 이주의 역사적 배경 및 그들이 편입된 사회의 현지인, 현지문화에 대한 끊임없는 적응, 수용, 저항 및 경쟁 등을 내포하는 헤게모니 과정을 반영하고 있으며, 동일한 한민족의 문화라 하더라도 지역에 따라 매우 다른 양상으로 나타난다.[13] 끊임없는 동화의 압력 속에서 재일코리안들이 어떻게 대처하여 왔으며, 그들이 동화의 압력과 차별에 대응하면서 민족정체성을 유지할 수 있었던 기제는 무엇인가. 디아스포라(diaspora)의 과계적(跨界的) 공간에서 배제적인 삶에 대한 기억의 집단화는 거주국에서 디아스포라를 근원적인 타자로 만들고 민족정체성의 기초가 되는 기제이다. 이러한 타자성에 대한 의식과 민족정체성은 재일코리안을 특정 공동체로 결속하는 원동력이었다.

우리는 축제를 통해 타인과의 만남이나 지연적인 소속을 확인할 수 있다.[14] 재일코리안은 원코리아페스티벌에 참여하여 동포들과 접촉하거나, 지역의 일본 주민, 외국인과 만나 새로운 형태의 교감을 형성, 소통할 수 있을 것이다. 이런 점에서 원코리아페스티벌은 열린마당이며, 다양한 사

12 이 내용은 지충남의 "재일동포와 원코리아페스티벌: 통일과 공생의 기제", 『OUGHTOPIA』 제28권 1호, pp. 139-184의 자료를 발췌함.

13 문옥표. "관서지역 한인동포 생활문화의 특징". 국립민속박물관. 『일본 관서지역 한인동포의 생활문화』. 2002. p. 17.

14 김병인(2004). p. 53.

회관계망을 구축할 수 있는 기제이다.

재일코리안들은 조국의 해방 이후에도 아래와 같은 쟁점 때문에 단합된 힘을 보여주지 못하고 분열과 갈등을 지속하였다. 민단과 조총련의 반목은 재일코리안 사회를 분열시키는 주된 요인이었고, 동포들에게 미치는 영향도 매우 컸었다. 첫째, 민단과 조총련의 대립이다.[15] 일본 사회에서 재일코리안들 간 갈등과 분열을 형성한 것은 좌・우파 성향의 정치조직인 민단과 조총련이었다. 이들은 남북한 정부의 정책이나 일본 정부의 이중정책의 영향을 받아 정치적・이념적 대립을 하면서 동포사회의 갈등과 분열을 조장하였다.[16] 두 단체의 화합과 통합이 어려운 이유는 이념과 사상을 초월하기 어려운 한국과 북한의 공민을 자처하는 단체이기 때문이다. 따라서 민단과 조총련의 불편한 관계는 현재까지도 진행형으로 지속되고 있었다.[17] 결국 민단과 조총련의 화합은 이념과 사상의 문제, 한반도의 통일이 전제되지 않고서는 해결책을 쉽게 모색할 수 없는 구조를 갖고 있으며, 재일코리안사회의 갈등과 분열 또한 지속될 수밖에 없는 속성을 지니고 있었다.

둘째, 귀국과 정주의 문제이다. 일제시대 식민지적 상황에서 도일한 조선인의 이주는 생계형, 강제징용형 등 이주 유형이 다양하다. 일본의 패망 이후, 일부는 한반도로 귀국하였으나, 약 64만 명 정도는 일본에 잔류하였다.[18] 이들은 한반도의 정치적・경제적・사회적 혼란, 귀환자의 사유재산 지침 제한, 귀국 교통편의 미흡, 조선에서 불투명한 생활 전망 등을

---

15 남근우. "재일동포사회의 문화정체성에 관한 연구: 민족, 조국 귀속성, 현실의 3중 경계문화정체성을 중심으로". 『국제정치논총』 제51집 4호. 2010. pp. 173-174.

16 강희봉. "총련과 민단의 조국통일". 『2008 도쿄 제9회 세계한민족포럼』. 2008. pp. 190-195.

17 민단과 총련의 중앙본부 차원이 아닌 제3의 조직체가 중심이 되어 재일동포사회의 화합을 시도한 것은 1955년 남북통일을 목적으로 결성된 '남북통일촉진협의회'가 있었으며, 이후에도 '한국민족자주통일동맹'과 '한국민족자주청년동맹'이 1965년과 1966년 결성되어, 화합을 모색했지만, 실패로 끝났었다.

18 Kim Hong Nack(1990). p. 113.

이유로 귀국하지 않았다.[19] 그렇지만 1세대 올드커머 다수는 언젠가 조국으로 귀환하겠다는 신념을 갖고 있었다. 문제는 올드커머 후손들의 성장이었다. 재일 2세, 3세, 4세는 일본에서 출생하여 일본식 교육을 받았으며, 모국어를 배우지 않은 사람들이 다수를 차지하였다. 이들은 부모세대와는 달리 일본에서 생활하고, 결혼하여 일본에서 정주하겠다는 생각을 가지고 있었다.[20]

이러한 세태의 흐름을 반영하여 민단은 1994년 4월 '거류'의 글자를 삭제하여 현재는 '재일본대한민국민단'으로 표기하고 있으며, 관련 규약도 개정하였다.[21] 뉴커머를 제외한 올드커머 및 그 후손들은 이제 일본에서의 생활을 임시 체류가 아닌 생활자로서 뿌리를 내리고 있다는 현실을 반영한 결과이다. 반면에 조총련을 위시한 조선적 동포들은 현재까지도 일본에서의 생활을 정주가 아닌 체류로 생각하면서 생활하고 있다.

셋째, 이상과 현실에 따른 조국 지향성과 재일 지향성의 충돌이었다. 일본의 패망 이후, 미귀국한 재일코리안은 일본사회의 민족차별과 편견, 인권 탄압을 받았다. 그리고 조국의 분단은 동포 사회를 민단과 조총련이라는 두 개로 조직으로 분열시켰다. 이러한 상황은 80년대 초반까지도 변화되지 않은 채 동포 사회에 유·무형의 영향을 주었다. 문제는 재일코리안 자신들이 남북 분단과 민족 차별이라는 이중의 어려움을 겪으면서도 또 다른 쟁점으로 분열에 분열을 거듭하고 있었다는 사실이다.[22] 일본에서 재일코리안들을 결합시키고, 분열시키는 데 준거가 되었던 범주는 단지 민족, 계급만은 아니었다. 민족적·계급적 차별이 재일코리안들을 동질적 집단으로 결속시키기도 했고, 차별 탈피에의 욕구를 발생시키며 분

---

19 지충남(2012b), p. 180.

20 金賛汀(1997), p. 235.

21 재일본대한민국민단 http://www.mindan.org(검색일: 2012.12.10).

22 정갑수 http://www.korean.net/cms/kboard/common/popupprint.jsp(검색일: 2012.12.27).

열을 초래하기도 했다(차승기 2012, 64).

예컨대, 재일코리안 1세대를 중심으로 조국 지향적 운동이 전개되었다. 조총련계 동포들의 생활방식은 '재외공민'의 입장을 반영하는 조국 지향적이었고, 귀속의식이 강했다.[23] 북한을 지지하는 조총련은 한반도가 사회주의 이념으로 통일된다면 모든 문제가 일시에 해결된다는 입장으로 통일운동을 전개하였다. 반면에 민단은 재일 지향적 사고를 토대로 편견과 차별받는 동포들의 권익을 위한 운동을 1960년대부터 전개하였다.[24] 그러나 1970년대부터 재일코리안 2세를 중심으로 조국 지향성 운동에서 탈피하여 재일 지향성 운동에 주력해야 한다는 주장이 제기되면서 인권과 차별문제가 현안으로 부각되었다.[25]

넷째, 지방참정권 획득에 대한 찬성과 반대의 운동이다. 재일코리안의 지방선거 참정권과 관련하여 민단 중앙위원회는 1994년 각지의 지방의회에 정주 외국인에게 지방참정권을 보장하자는 결의를 채택하도록 촉구하는 운동을 전개하였다.[26] 특수한 역사적인 연유로 인해 영주하게 된 재일코리안이 일본 지역사회에 생활자로서 뿌리를 내리고 있다는 현실을 감안하고, 반세기에 이르는 무권리 상태를 지양하기 위하여 영주외국인으로서 '지방참정권운동'을 추진하였다. 반면에 조총련과 북한 국적의 조선적 동포들은 지방참정권 획득을 일본의 동화정책에 편승하는 것으로 평가하면서 반대하였다.

다섯째, 귀화와 기존 국적의 보유에 관한 갈등의 표출이다. 1951년 샌

---

23 임채완(2012), p. 226.

24 지충남(2012a), pp. 254-258.

25 1970년 박종석의 히타치 취업차별 재판, 김경득의 사법연수소 입소의 국적조항 철폐운동, 아동수당 지급 운동, 연금차별, 박유자의 민족의상 결혼식 금지사건 등 행정·교육·취업 부문에서 차별과 박해에 대한 시정을 요구하는 저항운동이었다. 이광규, 1983, 223-262, 在日本大韓民國居留民團中央本部, 1978) 참고.

26 강재호(2007), p. 195. 1987년 민단은 일본 정부에 '전국통일 제6차 요망서'를 제시하면서, 지방자치단체선거에 재일동포들의 참정권 보장을 요청한 것이 시발점이다. 在日本大韓民國民團 編(1997, 343-346). 한편 민단의 지방참정권 운동 사례는 정찬원(2004, 61-67) 참조.

프란시스코 강화조약에 의해 일본 국적을 상실한 동포들은 한국 국적과 조선 국적의 선택을 강요받았다. 그리고 1965년 '한일협정'의 체결 이후, 조선 국적의 재일코리안들이 영주권을 얻기 위해 국적을 변경하였다. 조총련은 국적 변경의 반대 운동을 펼쳤으며 이로 인해 민단과 조총련 사이의 갈등과 불신의 골은 더욱 깊어졌다.

재일코리안들의 정주 지향적 사고와 다국적 다원론의 영향은 동포들의 귀화를 촉진시켰다. 그들이 일본 국적을 취득하는 이유는 법적 · 제도적 · 사회적 폐쇄성과 차별성, 일본인과의 결혼, 일본 정부의 '부모양계 국적주의'의 채택 등이다. 1952~2005년까지 약 29만 6천 명이 일본인으로 귀화했으며, 매년 8,000-10,000명의 재일코리안이 일본 국적을 취득하였다.[27] 문제는 동포들의 국적 변경에 대해 동포사회 내에서 상반된 시각이 표출되었다는 점이다. 올드커머가 일본 국적을 취득하면, '배신자'로 규정하는 분위기가 팽배하였고, 민단과 조총련은 귀화동포들의 재일한인 단체 활동을 일절 불허하였다.

이러한 요인들이 작용한 결과, 재일코리안 사회는 갈등과 대립, 그리고 분열하고 있었지만, 문제의 중심에는 민단과 조총련이 자리하고 있다. 한반도의 통일문제를 둘러싼 두 단체의 갈등은 재일코리안 사회에 많은 영향을 주었고, 친한과 친북이라는 대립구도를 양산하여 첨예한 갈등구조를 만들어 내었다. 재일코리안 사회 내에서 다양한 갈등 문제의 해결책을 찾지 못한 상황이 지속되었지만, 그 해결책은 전무하였다. 동포들의 화합을 이끌어 내고 분단된 조국의 통일에 기여하려는 생각에서 동포들을 하나로 묶을 수 있는 기제가 필요하였다.

그 대안은 통일에 대한 비전의 제시였으며, 정갑수 코리아NGO센터 대표를 비롯한 재일코리안들은 '통일의 축제'를 제안하였다. 재외동포를

27 佐々木てる(2006), p. 21.

비롯하여 남북한 국민 모두가 가장 염원하는 것은 한반도의 평화적 통일이다. '통일'의 화두는 한민족을 사상을 초월하여 우선적으로 하나로 결집시킬 수 있는 방법이라고 생각하였다. 뿐만 아니라 이념적 분열로 대립각을 세우고 있는 재일코리안 사회에서 '통일'의 화두는 그들을 하나로 통합하는 기제가 될 가능성이 높다고 판단하였다.

통일의 문제를 최정점에 놓고 이를 여타의 미해결 문제들과 연계한다면 대립, 갈등, 분산되어 있는 재일코리안들을 변화시킬 수 있으며, 동포들이 직면한 여러 가지 문제를 해결해 나가는 전환점이 될 것이다.[28] 축제는 동포들의 만남의 장이다. 원코리아페스티벌에 참여하는 재일코리안 모두는 서로 쉽게 만나 화해와 교류, 협력을 통해 하나가 될 것이다.[29] 그러므로 원코리아페스티벌은 비정치적 운동과 문화적 운동을 결합시켜 축제로 승화시키려는 통일운동의 롤 모델이었다. 1985년은 해방 40주년이다. 원코리아페스티벌은 역사의 새로운 비전으로 통일을 축제의 상징으로 내세웠다.

(2) 원코리아와 원아시아의 지향

① 원코리아페스티벌의 생성과 전개

오사카에서 열리는 원코리아페스티벌은 국적과 세대를 초월한 재일코리안들의 대표적인 축제이다. '원코리아'라는 이름에서 알 수 있듯이 민단과 조총련 간 이념적 갈등을 봉합하고, 재일코리안 세대 간 불통을 극복하여 동포 사회가 하나가 되는 화합과 통일의 장을 제공하려는 취지를 갖고 있다. 그리고 축제를 통해 일본에 정주하고 있는 우리 동포와 일본 사회와의 우호감을 조성하여 상호간 소통과 공생을 지향하고 있다.[30] 원코

28 朴鐘鳴(1999), p. 299.

29 정갑수 http://www.korean.net/cms/kboard/common/popupprint.jsp(검색일: 2012.12.27).

리아페스티벌은 일본에서 한민족의 정체성을 가진 사람들이 축제의 구심점 역할을 수행하며, 재일코리안 사회의 이해를 뛰어넘어 소통의 중요성, 남북이 하나 되는 여건의 조성을 위해 재일코리안들이 일정한 역할을 할 수 있다는 자신감에서 추진되었다.

원코리아페스티벌은 1985년 제1회를 시작으로 2012년 제28회까지 열린 긴 역사를 가진 축제이다. 현재까지 개최되었던 원코리아페스티벌의 테마를 시대별로 보면 1985-1989년까지는 남과 북을 연결하는 파이프로서 재일코리안의 통일운동에 초점을 두었다면, 1990년대는 통일운동, 공생, 원아시아였으며, 2000년 이후에는 아시아 공동체를 지향하는 주제였다.[31] 이렇듯 원코리아페티벌의 주제는 시대적 흐름에 따라 변화하고 있었다. 그 이유는 무엇인가. 원코리아페스티벌은 한반도 및 일본의 상황과 정세에 따라 초기의 통일운동 중심에서 원아시아, 다문화 공생, 아시아 공동체 등으로 테마를 확대시켜 나갔다. 제1회 대회부터 제5회 대회까지 사용해 왔던 '민족 · 미래 · 창조 페스티벌'이라는 테마를 1990년 제6회 대회부터 '원코리아페스티벌'로 변경하였다. 이를 상징하는 행사로는 남북한 예술인들의 공동출연과 합동공연이 있었으며, '원코리아 · 아시아 · 세계'라는 슬로건(slogan)을 사용하면서 '아시아 공동체'의 형성을 위한 발돋움으로 표현하였다. 2004년 제20회 대회는 '동북아시아 국제 원코리아 페스티벌'로 명명하였다. 이는 한 · 일 · 중 · 러 등 4개국 코리안들의 연대를 위해 각국의 동포들이 참석하였기 때문이며, '동북아시아 코리안 네트워크'의 포럼도 열었다.

축제의 초창기 키워드는 '통일'이었다. 문제는 한반도 통일을 위한 축제로 고착화된다면 참가자는 재일코리안으로 국한될 수밖에 없으며, 동포

---

30 ワンコリアフェスティバル實行委員會(1994).

31 2008년 테마는 HANA X 동아시아의 미래, 2009년 동아시아 문화공생, 2010년 피스코리아, 피스 아시아, 2011년 바다로 이어지는 동아시아의 미래, 2012년 하나가 되는 동아시아의 연(連) 등으로 매년 새로운 테마를 선정하여 행사를 진행하고 있다.

만을 위한 축제로 전락할 가능성이 높았다. 한편 전 세계적으로 초국가적 이주가 확산되면서 일본에 외국인 노동자나 국제결혼 여성이 증가한 반면에 이들과 일본인 사이에는 보이지 않는 차별과 반목이 사회문제로 등장하였다. 재일코리안을 포함한 외국인과 일본인의 다양한 문화 차이를 극복하고 상호 협력하면서 공존하는 해법은 다문화 공생이었다. 그러므로 기존의 통일이라는 화두에서 탈피하여 일본과 주변 아시아 사람들과 함께하는 '원아시아' 메시지를 전달하기 위해 통일을 기원하는 원코리아에서 아시아의 평화와 공동발전을 모색하는 원아시아로 테마를 확대하였다.

원코리아페스티벌은 2004년부터 재일한국민주인권협의회, 민족교육문화센터, 원코리아페스티벌실행위원회 등 3개 단체가 통합한 코리아NGO센터가 주관하고 있다. 원코리아페스티벌에 협력과 지원을 하는 단체는 오사카 민단을 포함하여 조총련, 오사카시, 동북아평화연대, 두레공동체, 조총련 계열의 조선청년동맹, 민단 계열의 한국청년회 등이다.[32] 원코리아페스티벌은 1998년 뉴욕에서 개최하여 동포들이 참여하였고, 2004년 제20회 대회는 연해주의 고려인과 중국의 조선족이 참가하여 해외 동포 간 네트워크의 확대라는 초석을 다졌었다.

원코리아페스티벌의 첫해에는 축제 참가자가 200여 명에 불과했지만, 현재에는 평균 3-5만여 명 정도가 매년 참가하고 있었다. 프로그램은 포럼, 공연, 전시 · 음식 · 참여 이벤트 등으로 구성되어 있다. 2000년 제16회 대회부터 시작한 포럼의 주제는 공생, 다문화, 동아시아 네트워크 등 일정한 테마를 선정하여 각 분야의 전문가들이 참석하고 발표와 토론으로 진행되었다. 공연은 전통과 현대가 어우러진 행사로 우리 민족의 전통 민속뿐만 아니라 일본, 태국, 중국, 인도 등 다양한 민족의 음악과 무용, 영

32 이 외에도 일본의 아사히, 요미우리, 마이니치, 산케이 등 언론사 4곳, 글로벌 피스 에스티벌재단, 한국의 재외동포재단, 의정부시, 하나문화 교류센터, 재일코리안청년연합(KEY), 극단 신주쿠 양산박, 한국과 재일동포 기업 등 일본과 한국의 시민 · 사회단체와 지방정부가 지원하고 있었다.

화, 연극을 관람할 수 있다.

사물놀이, 풍물패, 부채춤, 중국의 호궁 연주, 현대 무용, 가곡, 재즈, 록, 샹송, 연극, 한복 패션쇼, 퍼포먼스, 탓사니 타이 무용, 필리핀 댄스, 인도 무용, 강원도의 민속춤, 태권도, 야마토 북 공연, 한류 스타의 사인회, 한국의 퓨전 국악, 중국 왕균의 해금 연주, 한국 이유라 예술단의 민요 뮤지컬, 강휘선 조선무용연구소의 춤, 박보 밴드의 노래, 일본인 구로다 세이타로(黑田征太)의 라이브 페인팅 쇼 등으로 전통과 현대가 복합된 무대를 보여주었다.

전시 · 음식 · 참여 이벤트는 김치와 불고기 등의 먹거리 부스, 한복 입어보기, 미술 공예품 전시, 전통 가장 행렬, 전통 혼례놀이, 한국 전통차 시음, 어린이 놀이 코너, 바둑대회, 꽃놀이, 사주팔자 등을 운영하여 다양한 민족 간 인적교류가 이루어졌다. 그리고 재일코리안들은 다양한 프로그램을 통해 우리 민족의 전통과 민족정체성을 습득하고 체험할 수 있었다. 일본인을 포함한 외국인들 또한 한국의 전통 문화나 타국가의 문화를 접할 수 있었다.

축제의 초반부는 21세기를 담당할 재일의 젊은 세대가 한민족에 관심을 갖고, 통일을 보다 가깝게 느낄 수 있도록 하기 위해 재일코리안의 생활에 맞는 통일 비전을 제시하였다.[33] 실행위원회는 조국 통일의 상징성을 내포하고 있는 원코리아를 통해 재일코리안이 일체감을 보인다면, 파급 효과는 남북한과 재외동포들에게 확산되어 재일코리안이 이들을 연결하는 파이프 역할을 함으로써 원코리아의 실현에 공헌할 것으로 기대하였다.

한편, 원코리아페스티벌 정신의 아시아로의 확산은 세계시민으로 이어지는 아시아 시민들이 하나가 되는 공동체를 형성하는 것이다.[34] 원코

33 원코리아페스티벌실행위원회(http://hana.wwonekorea.com/history/MP/1985Mp. html, 검색일: 2012.01.13).

34 원코리아페스티벌실행위원회(http://hana.wwonekorea.com/okf2006/purpose.html,

리아페스티벌이 장기간에 걸쳐 지속적으로 개최되면서 축제 초기의 정치적, 종교적 벽을 초월하여 미시적 측면에서는 재일코리안들의 화합을 도모하면서 거시적으로는 평화롭고 창조적인 아시아 공동체를 지향하는 행사로 발전하고 있었다. 축제의 마지막을 장식하는 것은 참가자 모두가 한마음으로 원코리아와 원아시아를 상징하는 '하나 콜'을 외침으로써 그해의 페스티벌이 폐막된다.

원코리아페스티벌이 강조하는 '하나'라는 시각적 이미지는 포스터에도 잘 나타나 있다. 매년 제작되어 배포된 28개 포스터에 나타난 공통적 특징은 2개 사눌에 대한 표현이었다.[35] 즉 인체의 얼굴, 손, 새, 코스모스, 여러 꽃의 형상 등은 모두 짝수로 프린트 되어 있었다. 형상화되어 있는 2개의 사물이 하나가 될 수 있다는 이미지로 자연과 인간의 조화는 물론이고 남과 북, 재일코리안 내부의 화합, 동포 사회와 일본인 사회, 더 나아가서는 아시아 공동체의 공생을 상징하고 있다.

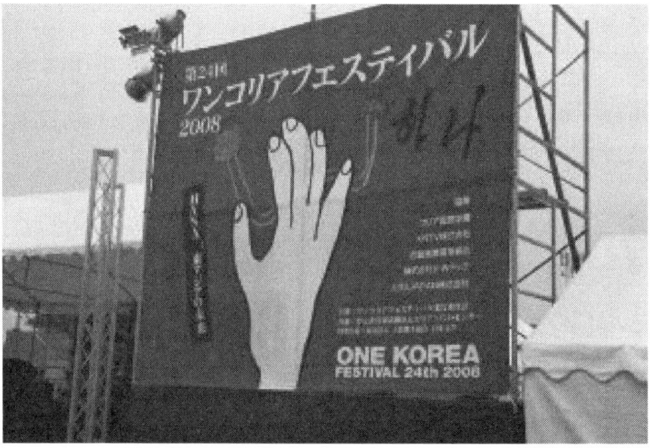

사진 4.6 2008년 원코리아페스티벌[36]

검색일: 2013.01.13).

35 원코리아페스티벌 홈페이지(http://hana.wwonekorea.com, 검색일: 2013.01.13)

원코리아페스티벌 주최측이 '원코리아'라는 명칭을 사용하여 통일에 대한 비전을 강조하자, 민단과 조총련은 축제 참가에 소극적이었다. 실행위원회는 한반도 통일을 위한 재일코리안의 역할과 분위기 조성, 화합과 교류, 남북한 및 재일코리안 사이에서 중립 의지의 표명을 이유로 '원코리아'라는 명칭을 사용하고 있다는 취지를 밝혔다. 그리하여 비록 중앙본부 차원은 아니지만 오사카 민단과 조총련의 지방본부가 축제 참가와 지원에 동참하였다.

축제에 우호적이었던 오사카 조총련 본부는 2000년 중반부터 공식적인 참여를 거부하였다. 표면적인 이유는 이 축제가 조국 통일에 아무런 도움을 주지 못하고 있다는 것이었지만, 재외동포재단이나 한국 기업, 한국의 시민 · 사회단체의 적극적인 참여에 부담을 느껴 기피하고 있다. 그렇지만 현재도 조총련계 소속의 재일코리안들은 개인 자격으로 10월에 열리는 원코리아페스티벌에 참석하고 있다.

② 통일의 상징성

1972년 남북한이 발표한 7 · 4 남북공동성명은 정치적 대화 통로의 개설과 한반도 평화정착의 추진을 목표로 자주, 평화, 민족대단결이라는 3대 통일 원칙을 마련하였다. 그러나 남북한 정부가 7 · 4 성명을 각기 권력기반을 강화하는 수단으로 이용하였음에도 불구하고 재일코리안들에게 이 성명은 민족정체성을 각인시키고, 조국통일에 대한 희망과 자부심을 갖게 한 계기가 되었다. 하지만 재일코리안의 기대와는 달리 남북한 관계는 군사적 갈등과 대립이 심화되었으며, 재일코리안 사회에도 영향을 미쳤다.

그 결과, 민단과 조총련의 대립은 격화되었고, 남북한 그 어디에도 속하지 않은 재일코리안인 '자이니치(在日)'의 조국에 대한 무관심 또한 증대

36 원코리아페스티벌 홈페이지(http://hana.wwonekorea.com, 검색일: 2015.08.10)

되었다. 정갑수를 비롯한 재일코리안 2세대는 민단과 조총련이 격하게 대립하고 있는 상황에서 통일에 대한 강한 의지를 문화와 결합시키는 방법을 모색하였다. 민단계와 조총련계, 자이니치로 나누어 분열과 대립을 지속한 재일코리안 모두가 이해관계를 청산하고, 이념, 사상, 소속, 국적의 차이를 극복하여 축제에서 만난다면 이는 민족의 화해이며, 재일코리안 후세대에게 통일에 대한 새로운 인식을 제공할 것으로 판단하였다.

실행위원회는 1985년 광복 40주년을 맞이하여 재일코리안 및 남북 간 대립에서 대화, 분단에서 통일을 향한 새로운 비전으로 "8 · 15 40 민족 · 미래 · 창조 페스티벌"을 테마로 선정하여 원코리아페스티벌을 개최하였다. 재일코리안이 한반도와 해외동포 간의 연결고리 역할을 담당하여 통일의 상징으로 부각된다면 조국통일에 기여할 것이라는 강한 신념에서 원코리아페스티벌을 추진했다. 그리고 축제에서 One(하나)은 조국 통일을 염원하기 위해 재일코리안 사이의 화해와 교류, 통일을 뜻하는 상징성(Symbolism)이었다.

재일코리안이 남북을 왕래하면서 통일의 분위기를 조성하고, 남북한의 극단적 대립을 완화하여 중립적 입장에서 한반도 평화 통일의 가교 역할을 수행할 수 있다.[37] 원코리아페스티벌은 재일코리안 사회에서 일종의 금기어인 통일 문제를 거론했으며, 재일코리안 모두가 염원하는 조국 통일을 축제의 이슈로 부각시켰다. 또한 재일코리안 사회의 주축으로 등장하고 있었던 제2세대가 민족에 관심을 가져 후속세대가 통일을 보다 가깝게 느낄 수 있는 환경을 조성하였다.[38] 원코리아페스티벌은 남과 북을 경계 짓지 않고 남북의 예술인과 문화인들이 함께 공연하는 것 그 자체가 통일에 대한 바람이다. 원코리아페스티벌은 재일코리안을 포함해 한민족

---

37 김성윤 2012, 43.

38 황혜경 2010, 478-479.

모두가 문화적으로 하나가 되려는 통일 의지를 실천하는 축제이다.

한편, 원코리아페스티벌의 테마는 기존의 '원코리아'에서 '원아시아'로 확장되었다. 이는 한반도의 평화적 통일뿐만 아니라 아시아 시민 모두가 '하나'가 되어 평화와 공동발전을 모색하는 '원아시아'로 나아가기 위해서는 한마음이 필요하다. 따라서 거시적으로 보면 아시아의 평화와 공동 발전을 위해 아시아인 모두가 하나가 되는 또 다른 통일의 의미이다. 예컨대, 재일코리안과 일본인, 일본인 사회와 외국인 이주민 사이에서 상대방을 이해하지 못하고, 혐오한다거나 혹은 자유, 평등, 인권을 유린하는 행위가 발생하면 이들의 관계는 하나가 아닌 둘이다. 상호 간 다양성을 인정하고, 관용과 이해하는 자세는 하나가 되는 초석이며, 여기서 하나는 바로 상호 간을 이해하는 마음의 통일이다.

이와 유사한 맥락에서 아시아 공동체 건설에 있어 다양한 국가들의 이해관계가 상충하여 대립 및 적대관계가 형성된다면, 공동체 건설은 불가능하다. 물론 당장은 원아시아 건설이 불가능하다. 그럼에도 불구하고 아시아 공동체 형성을 위한 시민들의 마음은 하나가 되려는 통일에 대한 의지가 필요하다. 결국 원코리아페스티벌이 추가하는 통일의 상징적 의미는 소범주에서 한반도 통일이며, 대범주 차원의 통일은 유럽연합과 같은 원아시아의 구축이었다.

③ 민족문화의 고취

재일코리안 사회는 해방과 분단을 함께 겪은 집단이며, 일본에서는 정체성 혼란과 차별의 아픔을 겪으면서 성장해 왔었다. 여기에 국제정치적 상황이 복합적으로 작용한 결과, 일본 정부와 일본인들로부터 많은 피해를 받았다. 우리는 개인이나 집단을 주변세계와의 연관 속에서 설명하고 규정하는 관념체계를 정체성(identity)이라고 부른다. 그리고 민족정체성은 민족적 특성이나 소속의식을 말한다. 다시 말해 민족정체성은 성원들 사이에서 공유하고 있는 종족 · 혈통 · 언어 · 종교 · 생활방식 등 문화적 · 사회적인 객관적인 지표로 구성되어 있으며, 민족집단의 일원으로서 가지는 소속이나 민족의식이다.[39]

혈연적 · 지연적 유대 속에서 일상적으로 반복되는 체험으로 형성되는 고유한 문화적 정체성은 그 체험의 유일무이성과 분리될 수 없는 채로 신체에 각인된 사회적 관계의 징후이다. 그것은 '관습'이라는 특정한 사회적 상상체제의 패턴을 정착시키고 있었다.[40] 재일코리안들은 문화생활과 축제를 통하여 민족정체성과 민족문화를 유지하고 거주국의 소수민족으로서 자기 존재를 확인하고 있었다.[41] 특히 축제에서 전통문화의 공연은 재일 자신의 민족정체성을 직접 몸으로 느끼고, 체험하는 소재이다. 전통문화는 재일코리안 자신들의 민족적인 위치를 확인하거나, 부정적 인식을 긍정적으로 변화시켜 주는 요소였다.[42] 원코리아페스티벌은 참가자들에게 민족적 의식을 강화하거나 새롭게 인식하는데 영향을 미치는 요소로서 한민족의 역사나 전통문화를 활용하고 있었다.

이렇게 본다면 축제는 재일코리안들이 한국의 전통문화를 체험하는 그리고 향유할 수 있는 대표적인 공간이다. 원코리아페스티벌에서 나타난 우리 문화의 원형성은 조선 통신사 및 재일코리안의 역사 전시회, 한국 전통 음식과 민속놀이 체험 등이다. 먼저 공연으로는 전통 민요(아리랑), 가야금 연주, 고전 무용, 풍물패, 사물놀이, 부채춤, 한복 패션쇼, 승무, 전통 혼례식 등이 있다. 이벤트는 한국의 전통 음식인 김치와 불고기 먹거리 부스 운영, 젓갈류 판매, 전통차 시음, 한글교실의 운영, 어린이들을 위해 윷놀이, 제기차기, 씨름, 투호놀이, 널뛰기, 팽이치기 등 한국의 전통 민속놀

39 정영훈(2002), pp. 16-20.
40 차승기(2012), p. 64.
41 장윤수(2010), p. 265.
42 김현선(2007), p. 480.

이를 체험할 수 있었다.

재일코리안들에게 우리 민족의 전통 민속과 놀이는 일상생활 속에서 즐거움을 주는 단순한 취미나 특기가 아니었다. 이는 언어와 같이 스스로의 문화적 정체성을 확인하고 또한 확인받기 위해 의식적으로 노력하여 배워야 하는 중요한 상징성이다. 1980년대 후반부터 탈춤과 마당극이 재일코리안 사회에 소개되어 제2-3세대의 진보적 청년층의 문화적 정체성의 상징이 되었다.[43] 원코리아페스티벌에 매번 등장하는 풍물과 사물놀이는 민족문화의 상징물이다. 또한 전통 의상을 입은 여성들의 부채춤, 칼춤, 장고와 북춤 등도 자주 공연되고 있었다.

재일코리안들은 원코리아페스티벌을 통해서 우리 민족의 문화를 보거나 체험하면서 민족정체성을 고취하고 있었다. 원코리아페스티벌에서 민족문화의 구현은 재일코리안으로 하여금 민족정체성의 제고와 자긍심 고취, 그리고 무관심한 혹은 일본 국적을 취득한 재일코리안들이 한민족 문화에 관심을 갖게 만드는 계기로 작용한다. 이에 더하여 우리의 민족문화를 접촉하고 체험하는 일본인과 외국인 또한 한민족의 문화를 이해하는 장이 되었다.

④ 대립과 갈등에서 화해와 교류, 협력

실행위원회는 재일코리안의 생활을 향상시켜 민족 차별을 없애고, 정치적 · 경제적 · 사회적 권리를 획득하려는 동포들이 운동을 전개함에 있어 통일된 조국은 강력한 배경이 될 수 있다고 판단하였다. 휴전선이 없는 일본에서 재일코리안이 원코리아페스티벌을 통해 먼저 화해하고 교류하여 하나가 된다면 이는 통일의 상징성을 추구하는 것이며, 화해와 교류의 결과물은 남북한의 화해와 교류, 협력에 영향을 미치는 기제가 될 것으로

---

43 정병호(2002), pp. 297-298.

인식하였다.

오사카 민단과 조총련은 축제 참여에 적극성을 보였지만, 조총련 동포는 현재 개인 자격으로 축제에 참가하고 있다. 축제에 참여하는 재일코리안들은 사상과 이념이 다르다는 이유로 상호간 적대시하기보다는 다양한 공연과 프로그램을 통해 한마음으로 즐기면서 화해와 교류의 공감대를 형성해 나갔다.[44] 그리고 실행위원회는 재외동포 간 연대의 강화를 위해 1997년 미국 뉴욕에서 개최했으며, 2004년 대회에는 중국의 조선족 단체와 러시아 사할린의 고려인 단체를 초청, 이들과의 파이프 역할 및 교류 협력을 일구어 내었다.

원코리아페스티벌은 남북한 및 해외동포의 파이프 역할을 담당하면서 또 다른 측면에서는 문화를 통해 '이미지화'[45]와 국제 교류의 장을 제공하고 있었다.[46] 원코리아페스티벌의 다양한 민족공연과 타민족의 문화행사 개최는 우선적으로 참가자들이 프로그램을 통해 접촉할 수 있는 기회를 제공해 주었다는 점에서 그리고 다른 민족의 문화를 접하면서 타문화를 이해할 수 있는 계기가 되었다는 점에서 의의를 갖고 있다. 이를테면 재일코리안이 타민족과 아무런 접촉도 없이 혹은 그들의 문화를 전혀 접할 수 있는 기회를 갖지 못했다면 이들에 대한 긍정적 사고나 이해가 낮았을 것이다.

오사카 지방정부는 지역의 대표적 축제로 부상한 원코리아페스티벌의 취지를 이해하고 2002년부터 공식적으로 후원하고 있었다. 그리고 축제

44 1987년 조총련의 조선청년동맹과 민단의 한국청년회가 공동으로 축제를 지지했으며, 1990년 한국의 김덕수 사물놀이, 1991년 조총련의 재일본 조선취주악단과 조선문학예술가동맹이 참가하였다. 1992년 조총련의 조선인 합주단과 한국의 대중 가수 김연자의 합동공연, 1993년 한국과 조총련 어머니 합창단의 합동공연, 1999년 오사카의 조선제4초급학교, 건국초등학교, 금강초등학교, 미유키모리 초등학교 민족학급이 합동 퍼레이드를 했으며, 2000년 히가시 오사카 조선중급학교와 건국학교 공동으로 합창, 2004년 한국 동북아평화연대, 두레공동체와 연대하여 축제를 개최하였다.

45 이미지화는 원코리아페스티벌에 남북한이나 민단과 조총련의 공동 출연을 의미한다.

46 원코리아페스티벌실행위원회 http://hana.wwonekorea.com/history/MP/1991Mp.html(검색일: 2013.01.13).

에 참석한 재일코리안, 일본인, 외국인들은 일본, 태국, 인도, 중국, 필리핀의 민족 음악이나 무용, 아시아 다문화 물산전, 도후쿠 대지진 피해여성과 아동 돕기 바자회 등 공연과 다문화를 접촉하면서 타민족의 문화를 이해하고 공유하는 '공생'의 공감대를 갖게 되었다. 일본인들이 주관하는 축제에서 등장하는 대표적 군무는 요사코이(よさこい) 춤이다. 나루코(鳴子; 딸랑이)를 손에 들고 여러 가지 율동을 표현하는 공연에는 적게는 수 명에서 많게는 수십 명이 집단 군무를 보여주고 있다. 재일코리안을 포함하여 참석자 모두는 요사코이 춤을 즐겼으며, 요사코이 춤과 아리랑을 융합한 '요사코이 아리랑'이 연주되어 많은 참가자들의 환호를 받았었다.

원코리아페스티벌은 참가자들이 다양한 민족문화의 공연과 체험을 통해 재일코리안과 재일코리안, 재일코리안과 일본인, 재일코리안을 포함한 외국인과 일본인이 소통할 수 있는 장을 마련해 주었다. 이러한 소통의 장은 타민족을 이해하고, 교류할 수 있는 초석이다. 여러 민족 간에 소통의 장이 형성되었다는 것은 기존의 대립이나 갈등 구도를 지양하여, 상호 간 교류나 화해 그리고 협력이 필요하다는 인식을 갖게 만들 수 있다. 그러므로 교류와 협력, 화해는 반목이 아닌 모두가 함께 도우며 살아간다는 공생의 기본 조건이다.

⑤ 다문화 공생 및 원아시아 공동체

1980년대 후반까지 원코리아페스티벌은 동포사회의 분열과 대립을 해소하고 민족의식의 위기감을 극복하려는 대안으로 통일과 민족정체성을 강조하였다. 그러나 1990년대 이후부터는 기존의 주제를 변화시켰다. 일본인에 대한 동포들의 대항적 성격을 희석시키면서 일본을 포함하여 전 아시아와의 연대와 공생을 주요 테마로 선정하였고, 프로그램도 우리 민족 이외에 교류와 다문화 사회를 주장하는 것들로 채워졌다.[47]

이러한 변화의 중심에는 다문화 요인이 자리하고 있었다. 1970년대

말부터 베트남의 난민들이 일본으로 유입되었고, 1994년까지 약 1만 명의 난민이 정주자격을 획득하여 생활하였다.[48] 1980년대 중엽에는 노령인구의 증가에 따른 노동력 부족, 노동시장의 유연성 확대, 농촌 남성의 국제결혼 등으로 한국, 중국, 필리핀, 태국 국적의 외국인 이주 여성과 이주 노동자가 증가하였다. 그리고 1990년부터 남미의 일계인(日系人)들이 노동시장을 찾아 대거 일본으로 이주하였다.

이처럼 뉴커머 외국인의 증가에 따라 일본인과 외국인 사이에는 갈등이 발생하였고, 점차 사회문제로 확대되었다. 일본 사회는 단일 민족주의의 영향으로 타민족에 대한 배타적 경향이 강하며, 일본정부 또한 이주민의 동화를 강요하는 폐쇄주의를 고수하였다.[49] 그 결과 일본사회의 외국인에 대한 인권적 · 문화적 · 심리적 · 민족적 차별이 사회 전체에 횡행하게 되었다. 문제는 유입된 외국인과 일본인의 문화가 상이했으며, 외국인에 대한 차별이 심화되고 있었다는 사실이다. 일본사회의 외국인에 대한 차별에 대항하여 일본 내의 소수자 민족집단은 일본인과 함께 더불어 살고 싶다는 '다문화 공생(共生)'을 주창하였다. 다문화 공생이란 국적과 민족 등이 판이한 사람들이 서로의 문화적 차이를 인정하고 대등한 관계를 구축해 나가면서 지역사회의 구성원으로서 함께 살아가는 것이다.[50] 일본에 거주하고 있는 외국인과 함께 더불어 사는 삶, 인권의 보장, 다양한 문화의 차이를 인정하는 등 문화집단 간의 대등한 관계를 구축하여 상호 간 공생하는 사회를 만들어야 한다는 사고에서 원코리아페스티벌은 다문화 공생을 위한 공연과 전시회를 도입하여 실행하였다.

한편 원코리아페스티벌은 재일코리안이 원코리아의 실현에 기여하고,

---

47 김현선(2007), pp. 464-467.

48 田中宏(1990), pp. 59-75.

49 고모다 마유미(2007), p. 53. 최병두(2011), p. 190.

50 라경수(2010), p. 77.

장기적으로는 세계시민과 연결되는 아시아 시민 창출을 위해 아시아 공동체를 만들어 평화에 기여할 수 있다는 일관된 비전과 신념을 가지고 현재까지 개최되었다. 제2회 대회는 출연자와 참가자 모두가 화합과 협력으로 하나가 되는 그리고 한반도의 통일을 상징하는 '하나 콜'을 제창하였다. 1990년 대회부터는 아시아 공동체가 한마음으로 화합하여 하나가 되는 원아시아를 강조하기 위해 '하나 콜'을 외쳤다. 이런 점에서 '하나 콜'은 아시아 지역의 평화와 인류의 행복에 공헌하려는 원코리아페스티벌의 새로운 이상의 표출이었다. '하나 콜'은 국가 간 경계를 초월하여 아시아 시민 모두가 한마음을 갖는 마음의 통일이며, 다른 한편으로는 원아시아의 평화와 건설을 위해 아시아 시민 모두가 함께 공생한다는 이중적 의미를 내포하고 있다.

한반도의 군사적 대립과 갈등은 남북한 관계 및 동아시아 지역의 국제관계에 있어 불안정을 조장할 가능성이 높으며, 이 지역의 평화를 유지하는 데 있어 가장 큰 장애물이다. 따라서 한반도의 평화 통일은 동아시아 지역의 영구적 평화에 기여하는 동시에 시민적 자유, 인권, 민주주의의 보편적 가치를 추구하는 비전으로서 아시아 공동체의 이념이 될 수 있다.

유럽은 탈냉전을 거치면서 유럽연합(EU)을 바탕으로 평화구조가 제도화된 결과, 유럽공동체가 확고하게 수립되었다. 반면에 동아시아는 여전히 갈등과 경쟁의 구도가 난무하고 있다. 동아시아는 다양한 문화적 배경, 역사적 관계, 군사안보적인 갈등 등 복합적 요인이 작용한 결과, 탈냉전 이후에도 협력보다는 군사적 긴장과 대치가 지속적이다. 한국과 일본의 독도 영유권 분쟁, 러시아와 일본의 쿠릴열도 영유권 분쟁, 일본과 중국, 대만의 센카쿠열도 영유권 분쟁은 이 지역의 대표적인 갈등 요인이다.[51] 이러한 갈등의 격화나 확대는 원아시아를 지향하는 데 있어 공생의 장애

51 이성우(2012), pp. 152-159.

물이다. 갈등의 완화는 공생이다.

원코리아페스티벌은 아시아 지역의 공생을 도모하기 위해 역내 국가들 간 경제적 격차를 해소하는 방안으로 동남아시아국가연합(ASEAN)과 같은 기구를 설립하여 아시아의 경제적 통합을 이룩해내어야 한다고 주장하였다. 또한 환경문제와 안전보장에 공동으로 대처하는 지역협력체제의 구축을 역설하였다.[52] 실행위원회는 유럽연합의 지역통합을 아시아 공동체의 모델로 제안하였다. 아시아의 안정과 평화를 위해서는 아시아인들이 함께 공생한다는 자세와 정신이 요구되며, 이를 실천하기 위해 원코리아페스티벌은 다양한 프로그램을 실행하고 있었다.

(3) 원코리아 페스티벌의 의의

축제가 내포하고 있는 효과는 참여자의 자부심과 소속감, 민족정체성을 고취시키며, 경제적 측면에서는 지역 경제의 활성화이다(Kearns & Philo 1993, 28). 원코리아페스티벌이 공연과 이벤트를 실행하고 있다는 점에서 축제의 효과를 누리고 있었으며, 오사카시의 원코리아페스티벌 지원은 경제적 효과에 해당한다.

원코리아페스티벌을 평가하면 첫째, 재일코리안 간 이념적 반목, 세대 간 단절, 조국 지향성과 재일 지향성의 충돌, 지방참정권 획득 등 여러 쟁점들이 재일코리안 사회를 분열시켰다. 이러한 갈등을 봉합하고 동포들을 하나로 단합시키는 주제로 조국 통일을 선택하였다. 통일은 재일코리안을 비롯해 한민족 모두가 가장 염원하는 화두이다. 그리하여 비정치적 운동과 문화적 운동을 결합시켜 통일의 롤 모델인 원코리아페스티벌을 추진하였다.

원코리아페스티벌은 동포 간에 내재되었던 다양한 갈등을 어느 정도

52 원코리아페스티벌실행위원회 http://hana.wwonekorea.com/history/MP/1994Mp. html(검색일: 2013.01.13).

극복하였다. 귀화 동포를 포함하여 민단과 조총련의 참여를 이끌어 내었고, 조국 통일에 무관심한 재일코리안 3~6세대의 관심을 환기시켰으며, 세대 간의 불통을 소통의 장으로 바꾸었다. 그리고 재일코리안이 한반도 통일의 파이프 역할을 수행하려는 의도에서 재미동포, 중국 조선족, 러시아 사할린의 고려인을 축제에 참가시켜 해외 한인들과 연대를 형성하였다. 또한 한국의 시민사회단체나 지방정부의 참여와 후원으로 원코리아 페스티벌이 지향하는 목표를 달성할 수 있었다. 결국 원코리아페스티벌은 통일을 문화와 접목시켜 한민족의 통일 의지를 부각시켰으며, 동포 내부의 갈등과 불통을 화합과 소통의 장으로 변화시켜 원코리아의 실현에 기여하였다.

둘째, 원코리아페스티벌은 재일코리안들이 우리 민족의 다양한 전통문화를 향유하고, 체험하는 프로그램을 운영하여 민족정체성을 고취시켜 주었다. 프로그램 중 조선 통신사 재현, 재일코리안 역사 전시회, 사물놀이, 마당극 등 전통 민속과 음악의 공연, 이벤트 행사는 재일코리안으로 하여금 우리의 전통문화를 새롭게 인식하는 효과를 산출하여 재일코리안의 민족정체성을 강화하는 기제로 작용하였다.

축제는 전통과 새로움이 혼재하는 민족문화의 발신지이다. 원코리아 페스티벌 외에도 일본 각지에서 재일코리안이 주최하는 대다수 축제는 우리의 민족문화를 향유하고 즐길 수 있는 프로그램을 연출하였다. 이러한 프로그램은 재일코리안들의 민족정체성을 직 · 간접으로 강화할 수 있으며, 특정 민족 집단의 일원이라는 소속감을 부여하는 동기로 작용하여 재일코리안들이 지속적으로 우리의 문화를 향유할 수 있게 만들고 있었다.

셋째, 원코리아페스티벌의 초기 테마는 통일이었고, 재일코리안 중심의 축제로 원코리아를 주장하였다. 문제는 한반도 통일을 위한 축제로 고착된다면, 재일코리안만을 위한 축제로 전락할 가능성이 있었다. 뿐만 아니라 일본에도 초국가 이주가 증대되면서 재일한국인 뉴커머, 베트남 난민, 일계인, 동남아시아인 등이 대규모로 유입되었다. 그러나 일본 사회의 외국인 이주자에 대한 폐쇄성은 차별과 반목, 인권 침해 등을 낳았고, 이는 사회문제로 확산되었다.

실행위원회는 원코리아페스티벌을 통해 재일코리안이 먼저 화해와 교류, 협력의 장을 조성한다면, 그 결과물은 재일코리안과 재일코리안, 재일코리안과 한반도, 재일코리안과 일본인, 일본 사회와 외국인 이주자, 동아시아 국가들에게도 영향을 미쳐 반목과 갈등을 해소하고 상호 간 화해와 협력을 도모할 것으로 판단하였다. 2000년 축제부터 기존의 통일 위주의 프로그램에서 탈피하여 재일코리안을 포함한 일본인, 아시아인들도 함께하여 상호 간을 이해하고 협력하는 연대와 공생이라는 '원아시아'로 테마를 확대하였다. 축제의 말미에는 모든 참가자가 하나 됨을 상징하는 '하나콜'을 외쳤다. 원코리아페스티벌은 다문화 공생을 위한 프로그램으로 일본, 태국, 중국, 인도, 필리핀 등 다양한 민족의 전통 민속과 다문화 물산전시회를 선보였다. 공연과 체험 프로그램을 통해 참가자들은 타민족과 접촉하여 이질적인 문화를 이해하면서 다문화를 긍정적으로 수용하는 계기를 갖게 만들었다. 따라서 원코리아페스티벌은 모두가 함께하는 공생의 기제이다.

넷째, 원코리아페스티벌은 원아시아 건설을 위한 모델로 제도화된 유럽연합의 지역통합을 제안하였다. 아시아 국가들 간 분쟁과 갈등의 대립은 아시아 평화를 위협하는 요인이다. 그러므로 아시아의 발전과 협력을 도모하는 방안으로 경제기구의 창설이나 지역협력체제의 구축 필요성을 역설하고 있다. 이러한 시스템의 구축은 아시아인 모두가 함께 발전하고 공생할 수 있다는 논리에서 출발하였다.

축제에 대한 시사점으로 첫째, 원코리아페스티벌은 통일을 상징적 테마로 다루었다는 점, 재일코리안 사회에서 거의 금기시 혹은 무관심한 통일 정서의 고양에 기여한 점은 긍정적 평가를 받아야 한다. 문제는 원코리아페스티벌이 제안하고 있는 한반도의 평화적 통일에 대한 비전의 제시이다. 한반도 통일에 대한 재일코리안의 파이프 역할은 가능하겠지만, 주최 측이 민간단체라는 점을 고려한다면 남북한의 통일정책에 영향을 미칠 가능성이 매우 희박하다. 한반도에서 남북한 관계는 여전히 불통이다. 원코리아페스티벌이 주장하고 있는 원코리아는 실천적이기보다는 단지 선언적 · 추상적 의미에 가깝다. 그것은 "표면적인 제스처(gesture)일 뿐 하나의 허상(虛像)이다".[53] 현재 28회 대회까지 원코리아페스티벌이 열렸지만 통일에 대한 구체적 방안이나 결과물은 산출되지 않았다. 이제는 통일이라는 슬로건을 넘어서 동포사회의 발전과 활성화를 위한 지역 축제로의 발전을 모색해야 한다.

둘째, 원코리아페스티벌의 목표는 통일과 아울러 재일코리안 간 화합, 일본인과의 화합, 더 나아가서는 아시아의 화해와 협력에 있다. 축제 초기에는 오사카 조총련이 공식적으로 참가하였지만, 현재는 불참하고 있었다. 재일코리안 주력 2개 단체 중 하나가 공식 참여를 불허하고 있다면, 사상과 이념이 다른 재일코리안 간 화해와 교류, 협력이 없음을 뜻한다. 그러므로 조총련을 축제에 다시 끌어들일 방법을 강구하여 조총련의 축제 참가가 이뤄져야 한다.

셋째, 원코리아페스티벌은 재일코리안을 중심으로 해외 한인들 간 통일문제에 있어 파이프 역할을 수행하겠다고 천명하였다. 이러한 맥락에서 원코리아페스티벌의 뉴욕 개최, 중국 조선족과 사할린 한인들의 축제 참가가 이루어졌다. 그러나 타국 재외동포의 참여는 일회성이었다. 재외동포 간 연대 구축에 있어 중요한 것은 교류의 지속성이다. 일회성 참여와 행사가 아닌 연속성을 갖는 참여와 행사로 진행되어야 한다. 그렇지 않다면 재외동포 간 연대는 유명무실해질 것이다. 물론 정갑수 위원장이 2003

53 최길성(2001), p. 10.

년 연해주 고려인 문화행사의 날 축제에 초청받아 갔으며, 2004년에는 북경과 연변 조선족 심포지엄에 참석하였지만, 동포 간 연대의 강화를 위해서는 교류의 지속성이 확보되어야 한다.

넷째, 일본인과 외국인의 대립 및 갈등의 청산 기제로 원코리아페스티벌은 다문화 공생을 주장하였다. 행사에 참가하는 외국인 단체는 중국, 태국, 인도, 필리핀 등 극히 제한적이었다. 다문화 공생의 기본은 다양한 민족문화의 상이성을 존중하고 인정하는 것이다. 보다 많은 재일 외국인 단체의 참여나 연대가 필요하며, 축제의 활성화를 위해 재일 외국인 단체와의 공동 개최도 고려되어야 한다.

다섯째, 1990년 대회부터 실행위원회는 원아시아 공동체를 지향하였다. 이런 점에서 '하나 콜'은 아시아 지역의 평화와 인류의 행복에 기여하려는 이상의 표출이었다. 원코리아페스티벌은 아시아 통합의 모델로 유럽연합(EU)을 거론하였다. 그러나 현재 남북한의 군사적 긴장은 위험수위에 도달해 있으며, 동아시아 국가들 간 영유권 분쟁은 국가 간 갈등을 조장하여 평화를 저해하는 요인으로 작용하고 있다. 이 같은 아시아적 상황을 고려한다면 원코리아페스티벌이 주장하는 원아시아를 위한 평화와 발전의 공동체 모색은 현실성과 실현성이 떨어진 단지 축제에서 외치는 공허한 메아리에 불과하다. 원아시아 공동체의 발현을 위해서는 각 국가에서 활동하는 시민사회단체 간 공감대를 형성할 수 있는 환경의 조성이 먼저 선행되어야 한다.

원코리아페스티벌은 한반도 및 재일코리안 사회 그리고 일본사회에 통일과 공생의 확산에 많은 영향과 기여를 했다는 점에서 매우 긍정적 평가를 받고 있다. 그럼에도 불구하고 원코리아페스티벌이 영속성과 지속력을 갖기 위해서는 첫째, 조총련의 불참을 다시 참여로 이끌어내어야 한다. 축제의 화두는 통일이며, 이는 재일코리안 사회의 분열을 하나로 통합하는 것이다. 비록 지방차원이지만, 오사카 조총련의 참여가 없는 통일의 외침은 공허한 메아리이며, 또한 반쪽 행사이기 때문이다. 둘째, 원코리아 페스티벌 참여 인원의 확산을 위한 동력의 확보이다. 2002년 참여 인원 5만 명을 정점으로 이 행사에 참여하는 인원은 점차 감소되고 있는 실정이다. 이는 프로그램의 획일성 그리고 주제의 변화에 따른 재일코리안들의 무관심과 관계되어 있다. 특히 재일코리안의 참여를 유인하는 주제는 통일이었다. 그런데 2000년 대회부터 한반도 통일보다는 공생을 지향하는 '원아시아'를 강조하면서 재일코리안들의 관심이 낮아졌다. 그러므로 재일코리안들의 관심을 유인하려면 획일적인 프로그램에서 탈피하여 다양한 프로그램의 도입을 모색해야 한다. 셋째, 후원과 협력기관의 활성화이다. 제26회는 8개와 10개 기관의 후원과 협력으로 원코리아페스티벌이 진행되었다. 그러나 2012년 제28회는 한국문화원이 후원기관에서 빠졌으며, 협력기관에서는 HANA문화센터와 재일코리안청년연합 등 2개 단체를 제외한 6개 단체가 지원을 중단하였다. 축제의 제비용, 안정성, 활성화를 고려한다면 여러 기관들의 후원과 협력은 축제에서 반드시 필요한 부분이다. 따라서 실행위원회는 후원과 협력기관의 확보를 위해 최선의 노력을 기울여야 한다.

2) 이쿠노 민족문화제

1983년 '이쿠노민족문화제'라는 최초의 재일코리안만의 축제를 개최하면서 자신들의 민족문화 및 정체성을 지역사회에 적극적으로 표방하기 시작했다.[54] 1983년 10월 15일 '하나가 되어 키우자. 민족의 문화를! 넋을!'이라는 슬로건 하에 제1회 '이쿠노민족문화제'가 개최되었다. 제1회 축제에서는 마당극, 농악, 민요, 탈춤, 부채춤, 결혼가장행진 등으로 구성

54 이상봉, "오사카 조선시장의 공간정치: 글로벌화와 장소성의 변용", 『한국민족문화』 제41집, 2011, p. 247.

되었으며, 오사카를 포함한 관서지방의 재일코리안뿐만 아니라 도쿄를 중심으로 하는 관동지방의 재일코리안 등 약 3천여 명이 참여하여 민족의 전통문화와 예술을 체험, 공유하였다.[55]

이 축제의 특징은 무엇보다 재일코리안의 여러 축제 중에서도 처음으로 일본사회의 차별과 편견에 맞서 이쿠노 지역의 재일코리안들이 함께 모여 지역주민들(일본인들)을 대상으로 재일코리안의 민족문화를 알리고 정주인으로서의 지위를 확보하고자 하는 취지에서 마련되었다는 것이다. 특히 이 축제는 민단이나 총련 등의 재일코리안의 조직이나 동포 기업 등의 스폰서의 지원을 받는 대규모의 축제와는 달리 지역 주민인 재일코리안들의 자주적 힘으로 개최되어 왔다는 것이다. 그런 이유로 개최 자금 마련이 쉽지 않았으며, 축제공간으로 주로 사용한 일본학교의 운동장을 빌리는 일도 쉽지 않았다. 이러한 어려운 환경 속에서도 이 축제는 재일코리안들의 노력에 의해 민족문화와 예술을 마음껏 표현하고 즐길수 있었다. 이쿠노의 재일코리안 민족문화축제는 2002년 마지막까지 매년 2,000~4,000여 명이 참가하였고, 재일코리안들은 축제를 통해 민족의식 및 민족의 정체성을 확립했다.[56] 특히 재일코리안들은 민족문화축제를 통해 지역주민과의 갈등을 반복하면서 일본사회에 재일코리안의 존재감을 각인시켰다.

3) 오사카 코리아타운 공생축제[57]

(1) 미유키도오리 코리아타운 공생축제

오사카 이쿠노쿠 미유키도오리 코리아타운에는 올드커머 코리안과 뉴

55 이희숙(2003), p. 250.

56 국립민속박물관, 『일본 관서지역 한인동포의 생활문화』(서울: 국립민속박물관, 2002), pp. 292-293.

57 임채완·선봉규, "디아스포라적 문화접변과 동반성장에 관한 연구: 일본 오사카지역 재일코리안을 중심으로", 『민족연구』 제60호, pp. 132-157의 자료를 부분적으로 발췌함.

커머 코리안, 그리고 일본인이 동 상점가, 중앙 상점가, 서 상점가 등 세 개의 상점가에서 상점을 운영하고 있다. 이들은 우여곡절 끝에 2009년 11월 15일에 '오사카 이쿠노 코리아타운 공생축제'를 개최하였다. 이 축제는 그동안 재일코리안과 일본인 상점 간 코리아타운의 발전에 대한 인식의 차이로 상점가별로 진행되어 오다가 2008년에 세 상점가 임원들이 공동 개최를 위한 논의를 통해 이루어졌다는 점에서 의의가 크다. 제1회 오사카 이쿠노 코리아타운 공생축제는 세 상점가가 공동으로 실행위원회를 구성하여 2009년 11월 15일에 약 2만여 명이 참가한 가운데 성대하게 개최되었다. 이후 매년 11월에 정기적으로 개최되고 있으며, 매년 약 2만여 명의 일본인 및 한국인 관광객이 방문하는 등 오사카지역에서 매우 인기 있는 축제로 자리 잡아 가고 있다.

사진 4.7 오사카 이쿠노쿠 코리아타운 - 백제문

사진 4.8 재일코리안 학생들의 사물놀이

사진 4.9 일본인의 퓨전무용 공연

이 축제는 무엇보다 한국문화와 일본문화가 공존 또는 융합하는 장이라는 점을 강조한다는 점에서 매우 특징적이다.[58] 2012년에 개최된 공생축제의 구성 내용을 보면, 먼저 축제의 꽃이라 할 수 있는 퍼레이드에 총 5개 그룹이 참여했다. 오사카시립 미유키모리소학교의 민족학급, 오사카 조선제4초급학교, 백두학원 건국소학교 등 재일코리안 학생들의 사물 및 풍물놀이, 상모춤이 진행된 다음, 일본 오사카 이쿠인대의 혼성무용인 '이쿠노뉴오도리(いくのニューおどり)' 행렬이 이어졌다. 마지막으로 제주한문화네트워크의 길놀이가 공연되었다. 무대 공간에서는 총 16개 단체의 공연이 이루어졌는데, 민족학교 및 민족학급, 전통문화예술전문가, 제주한문화네트워크 등에 의한 한국의 전통문화공연과 일본 및 중국의 전통음악, 그리고 한류의 대표격이라 할 수 있는 K-POP이 공연됐다.

오사카 이쿠노쿠 미유키도오리 코리아타운 공생축제는 지역사회에 거주하고 있는 재일코리안, 일본인, 중국인 등이 함께 참가하여 각국의 문화를 공유하고 소통하는 장이며, 전통과 현대의 문화가 공존하는 축제로 성장하고 있는 중이다. 이와 같이, 오사카 이쿠노쿠 미유키도오리 코리아타운은 다양한 주체들의 노력 끝에 다민족, 다문화가 공존, 공생하는 지역으

58 이상봉(2011), p. 255.

로 발돋움하고 있다.[59] 특히 공생축제에서 생산, 공유되는 다양한 문화는 곧 지역의 문화관광자원으로 대표되어 거주국 사회 및 모국으로부터 환영받음으로써 지역성장의 새로운 동력이 되고 있다는 점에서 매우 시사적이다.

(2) 일본의 다문화 공생 사업

일본 정부는 2006년부터 일본에 거주하고 있는 이주민이 일본사회에 안정적으로 정착하는 데 지원할 뿐만 아니라 폐쇄적인 민족집거지가 일본사회에 융화될 수 있는 방안을 모색하기 위해 '다문화공생' 사업을 추진하고 있다. 다문화공생 사업이란 외국인 구민과 일본인 구민이 상호 간의 문화적 차이를 서로 인정하고 대등한 관계를 구축하는 데 있으며, 지역사회의 구성원으로서 함께 살아감으로써 새로운 문화의 창조와 지역 활동의 활성화를 도모해 누구나 살고 싶어 하는 지역 사회를 만든다는 것을 의미한다.

구체적인 다문화공생의 추진 사업을 보면, 커뮤니케이션 지원, 생활지원, 다문화 공생의 동네 만들기, 지역 활동단체 및 자원봉사 등 지역 협동체제 구축이다. 커뮤니케이션 지원 사업은 외국인 주민에게 생활 정보를 외국어 및 일본어로 동시에 표기하여 언어의 벽을 제거한다는 것이다. 생활지원은 외국인 주민이 복지, 의료, 교육, 방재 등 생활에 밀접하게 관련되는 정보 제공과 외국어 상담 창구를 마련하며, 이주민이 다문화 공생 활동을 펼칠 수 있는 장소를 제공하는 것이다. 다문화 공생의 동네 만들기는 외국인 주민에게 일본 문화와 습관을 이해할 수 있게 교육하거나 주민 상호 간의 문화, 습관의 차이를 인정하고, 지역 활동단체와 연대하여 외국인

59 오사카 이쿠노쿠 코리아타운에 대한 지역사회 구성원의 인식을 한 연구결과의 자료를 통해 살펴보면 다음과 같다. 오사카 이쿠노쿠의 구성원들은 코리아타운을 "다문화공생의 상징적 의미를 지닌 곳"(4.05점), "한인상권 확대 등 지역활성화에 기여하고 있는 공간"(3.99점), "한류라는 문화코드를 재생산하는 한류의 메카"(3.69점), "한국에 관한 정보를 가장 먼저 접할 수 있는 공간"(3.32점), "타 외국인과의 갈등을 확대 재생산하는 공간"(2.45점) 등으로 인식하고 있는 것으로 나타났다. 손미경(2013), p. 103.

주민과 일본인과의 대등한 인간관계를 구축하도록 하는 데 있다. 마지막으로 지역 내 다문화 공생 사업의 협조자로서 자치회, 민간사업자, NPO, 자원봉사단체, 교육기관 등과 적극적으로 연대하여 협동체제를 강화하여 다문화 공생 사업을 활성화 시킨다는 데 있다.

이 중에서도 특히 '다문화공생의 동네 만들기' 사업은 이쿠노쿠 코리아타운에서 적극적으로 실시되고 있다. 이쿠노쿠청은 이쿠노지역에 산재해 있는 명소, 유적지, 먹거리, 축제, 음악, 예술 등의 관광문화자원을 발굴하여 지역을 안내, 홍보하는 '이쿠나비(IKUNAVI)' 양성을 위한 프로그램을 운영하고 있다. 2011년에는 구청과 마을 주민이 참여하는 '이쿠노 우리마을 클럽'이 매월 1회 정기적으로 강좌를 실시하고 있으며, 재일코리안들도 참여하여 이쿠노 코리아타운을 알리기 위한 작업을 진행하고 있다. 또한 이쿠노 지역에 있는 관광자원을 소개하는 '타운 맵'을 제작하여 지역주민 및 관광객들에게 정보를 제공하고 있다.[60]

오사카시에서는 시내에 체재 또는 거주하고 있는 외국인들이 언어와 생활습관, 사회 시스템 등의 차이로 인해 일상생활에서 겪는 불안감과 불편함, 그리고 불이익 등이 생기지 않도록 하기 위해 7개국 언어(영어, 중국어, 한국/조선어, 스페인어, 포르투갈어, 태국어, 인도네시아어)로 작성된 〈외국적주민상담창구〉를 개설하여 운영하고 있다. 시 차원에서는 오사카국제교류센터와 시청시민상담실에서 '시정상담'과 '법률상담'을 운영하고 있다. 시정상담은 매주 월요일부터 금요일까지 운영되며, 법률상담은 매주 수요일에 7개국 언어로 이루어지고 있다. 구청에서는 이주민들을 위한 상담전용 전화를 설치하고 7개국 언어로 국민건강보험 등의 구청 업무 및 시정에 관한 문의와 상담, 정보제공 등을 시행하고 있다.[61] 이와 같이, 일본정부의 다문

60 『민단신문』, 2012년 2월 8일.

61 오사카시 홈페이지(http://www.city.osaka.lg.jp, 검색일: 2014년 8월 15일).

화 공생 사업은 무엇보다 이주민이 지역사회의 당당한 구성원일 뿐만 아니라 지역사회의 발전에 적극적으로 참여하는 주체로서 자각하는 계기를 제공하고 있다는 점에서 매우 시사적이다.

사진 4.10 오사카 이쿠노쿠 미유키노리신사 - 왕인박사 가비

그러나 이러한 다문화공생 정책 추진에도 불구하고 다음과 같은 점에서 여전히 일본사회는 편협한 내셔널리즘(nationalism)이 지배하고 있다. 먼저 '강한 일본'을 주창한 아베 정권이 등장하면서 재일코리안에 대한 차별, 배제의 정책이 여전히 나타나고 있다. 대표적으로 2010년 4월 1일 시행된 '공립 고등학교 수업료의 불징수 및 고등학교 등 취학 지원금의 지급에 관한 법률(고교무상화법)'에서 유일하게 조선학교만을 제외한 것이다. 이에 대해 오사카조선학원뿐만 아니라 유엔 사회규약위원회에서는 "일본 정부가 고교무상화 제도에 조선학교를 배제하는 것은 차별에 해당하는 것으로, 일본 정부는 고교무상화제도를 조선학교에 다니는 학생들에게도 확대할 것을 촉구한다"라는 견해를 밝혔다.[62] 또한 아베 정권의 우경화 정책이 지속되면서 일본사회에서는 혐한시위[63]가 증가하고 있는 추세이다.[64] 이 혐한시위는 재일코리안들이 집중 거주하고 있는 도쿄와 오사카시내에서 이루어지고 있는데, 2013년 한 해 동안 360차례 이상의 혐한시위가 벌어지기도 했다.[65]

4) 재일코리안의 한류[66]

(1) 재일코리안과 한류

일본에서 한류가 본격적으로 등장하게 된 계기는 드라마 〈겨울연가〉

---

62 『월드코리안』, 2013년 5월 23일.

63 혐한시위는 '헤이트 스피치(hate speech, 증오연설)'라고 불리기도 하는데, 2013년 10대 유행어로 뽑히는 등 최근 일본사회에서 혐한시위는 심각한 사회문제로 대두되고 있다.

64 최근 6년간의 혐한시위 현황을 보면, 2009년 30건, 2010년 31건, 2011년 82건, 2012년 301건, 2013년 360건을 기록한 것으로 나타났다.

65 재일코리안들은 한국과 일본 간의 정치외교적 갈등의 직접적 피해당사자이다. 그러한 점에서 재일코리안들은 한일 간의 갈등이 일어나지 않기를 희망하고 있다. 다음은 그러한 생각을 잘 보여준다. "월드컵 같이 하고, 겨울연가 방송되면서 아주 좋아졌는데, 이명박 대통령이 독도방문 한 뒤로는 많이 안 좋아졌지. 한・일 간의 정치적으로 민감한 부분은 자제해주면 좋겠어요. 여기 일본 사람들이 오사카나 도쿄에서 '김치 먹지 말자', '한국 사람 나가라' 시위하고 그랬어요. 우리에게 이웃이 좋아야 하니까 그런 부분은 하지 말아야." 김정순, 2014년 4월 19일(토) 인터뷰.

66 선봉규, "중국조선족과 재일코리안의 한류(Korean Wave) 인식에 관한 연구", 『한국동북아논총』 제19집 제4호, 2014, pp. 89-110의 자료를 부분적으로 발췌함.

가 2004년 4월 3일부터 8월 21일까지 NHK에서 방영되면서부터이다.[67] 〈겨울연가〉는 원래 2003년 4월에서 9월까지 NHK BS2를 통해 방영되었으며, 같은 해 12월에 재방송되는 등 일본사회에서 이례적으로 선풍적인 인기를 얻었다. 이 드라마의 성공은 남자주인공 배용준의 인기가 급상승하면서 '욘사마'[68] 열풍으로 이어졌으며, 욘사마는 2004년 일본 최고의 유행어이자 트렌드가 되었다.[69] 욘사마 열풍은 일본 내에서 단순한 문화적 현상을 뛰어넘어 한·일 양국의 경제적 상승 효과와 한국 브랜드 이미지 제고 등 유·무형의 파급효과를 낳았다.[70] 욘사마의 열풍은 경제적 효과 이외에 많은 부분에서 영향을 미쳤는데, 특히 2004년 7월 21일 개최된 한·일 정상회담에서 고이즈미 준이치로 일본 총리가 노무현 대통령에게 "최지우 씨를 내일 일본에서 만날" 것이라고 발언할 정도였다.[71] 드라마 〈대장금〉은 NHK-BS2에서 2004년 10월 7일부터 2005년 10월 27일까지 방영된 이래 세 차례에 걸쳐 재방영될 정도로 큰 인기를 얻었으며,[72] 그 결과 일본사회에서는 한국의 전통 문화와 음식에 대해 새로운 관심을 갖게 되었다.[73]

중국과 마찬가지로 일본에서 한류는 드라마의 인기 상승으로 한국의 가수들이 본격적으로 진출하게 되었으며, 한국의 가요는 K-Pop이라는 이

---

67 이인구·김종배, "중국과 일본에서의 한류 현상에 대한 탐험적 연구", 『마케팅관리연구』 제12권 제1호, 한국마케팅관리학회, 2007, pp. 95-96.

68 욘사마라는 호칭은 일본에서 배용준을 부르는 말로, 욘은 용준의 일본식 준말이며, 극존칭어인 사마의 합성어이다.

69 배용준은 2013년 10월 19일에 일본의 방송국 및 제작사, 매니지먼트사 등 현지 관계자들이 발족한 〈한류 10주년 위원회〉 주관으로 실시된 일본 전 국민 대상 온라인 투표 결과, 한류 10주년 대상을 수상하였다. 『대기원시보』, 2013/10/21.

70 현대경제연구원, "한류 현상과 문화 산업 발전 전략", 『경제주평』, 2004, p. 3.

71 『한겨레』, 2004/07/21.

72 아사히신문이 조사한 '일본인이 가장 좋아하는 드라마' 순위를 보면, 1위-대장금, 2위-겨울연가, 3위-아름다운 날들, 4위-태왕사신기 등이다. 『연합신문』, 2010/02/23.

73 하세가와 유키코, "일본의 한류: 한류가 남긴 것", 『한국언어문화학』 제4권 제1호, 국제한국언어문화학회, 2007, p. 192.

사진 4.11 오사카 이쿠노쿠 미유키도오리 코리아타운 - 한류 숍

름으로 불리고 젊은 층에까지 빠르게 확산되었다. 대표적으로 보아(BoA), 비, 동방신기, K, Ryu, SG워너비, se7en, 박용하 등이 큰 인기를 얻었으며, 최근에는 아이돌 그룹들이 본격적으로 진출하면서 새로운 변화를 맞이하고 있다. 특히 아이돌 걸그룹인 소녀시대와 카라가 도쿄돔에서 성공적인 공연을 개최하게 되면서 한류 팬들이 10대 젊은 층에까지 급속히 확산되고 있다.[74]

그러나 한국과 일본은 '가깝고도 먼 이웃나라'라는 표현에서도 알 수 있듯이 정치적, 외교적, 역사적 인식의 차이로 갈등이 항상 존재하고 있다. 2005년 7월, 일본사회에서 반한류 현상, 이른바 '혐한류'가 등장하면서 양국 간 관계의 특성이 그대로 나타났다. 즉 강제병합, 영토 영유권문제, 재일코리안 차별, 역사교과서 문제 등 양국 간의 역사적 갈등을 소재로 하

---

74 문화체육관광부 해외문화홍보원, 2012, p. 91.

사진 4.12 오사카 이쿠노쿠 미유키도오리 코리아타운 식당 - 팬클럽 모임

는 〈만화혐한류〉가 출간되면서 한국사회에 큰 파장을 일으켰다. 이에 대한 대응으로 한국에서도 〈만화혐일류〉라는 제목의 만화가 출간되기도 했다.[75] 2012년 8월 10일에는 한국의 이명박 대통령의 독도방문을 계기로 일본사회의 혐한류 분위기가 극도로 고조되었다. 일본 내 극우단체들은 도쿄와 오사카 코리아타운에서 한류 반대 시위를 벌이거나 한국 연예인의 일본 방문 및 활동을 반대하기도 했다.[76]

일본에서 한류 영향은 한국인에 대한 일본사회의 인식의 변화에서도 확인할 수 있다. 〈겨울연가〉가 방영되기 전 2001년 일본의 한국인에 대한

---

75 한영균, "일본 내 '혐한류' 현상의 실체", 『일본문화연구』 제48집, 동아시아일본학회, 2013, p. 441.

76 최근 5년간의 혐한 시위 현황을 보면, 2009년에 30건이었던 것이 2010년에 31건, 2011년 82건, 2012년 301건을 기록한 것으로 나타났다. 시위 주도 단체 또한 '재특회(재일특권을 허용하지 않는 시민 모임)'를 중심으로 '관동일맹회', '일침회', '일본청년사', '간바레일본', '구국동지회', '일한단표공투위원회' 등 40여 개의 보수 우익단체들이 주도하고 있다. 『문화일보』, 2013/10/30.

친근감은 50.3%였으나, 2004년에는 56.7%로 상승했다. 또한 한국어를 배우겠다는 일본인들이 증가하면서 한국어학원이 기하급수적으로 늘어났는데, 1995년까지 한국학 강좌가 개설된 대학은 143개였으나 2001년에는 285개, 2004년에는 335개로 증가했다. 아울러 일본에 거주하고 있는 재일코리안들에게도 큰 영향을 미치고 있다. 2009년 4월에 재일본대한민국민단은 도쿄 민단 중앙본부에서 민단회원들을 대상으로 '우리말 쓰기' 결의대회를 개최한 바 있다. 이 대회는 1945년 8월 15일 광복 이후 처음 있는 행사로서 우리말 되찾기 일환으로 '우리말 사용 권장운동'을 선언했다.[77] 이 대회의 의의는 무엇보다 일상생활에서 일본어를 사용해야만 했던 재일

사진 4.13 오사카 이쿠노쿠 츠루하시 국제시장 김치반찬 가게

77 『중앙일보』, 2009/04/22.

코리안들이 당당하게 우리말 찾기에 나섰다는 점이다. 그리고 도쿄, 오사카 등 재일코리안들이 집중 거주하고 있는 코리아타운에 한류관련 상점들이 운영되면서 한류의 발신지가 되고 있다.[78] 올드커머가 집중 거주하고 있는 오사카 이쿠노쿠 미유키도오리 코리아타운은 약 20여 개의 한류숍이 운영되고 있는데, K-Pop 관련 DVD, CD, 한류스타의 액세서리 상품 등이 진열되어 있다. 또한 김치 및 반찬, 지지미, 한복 등 한국의 음식 및 전통문화 상품이 일본인들로부터 많은 인기를 얻고 있다. 이러한 사실은 한류가 장기간 지속되면서 일본인의 일상생활 곳곳에 스며들고 있음을 알 수 있다.[79] 요컨대, 도쿄와 오사카 코리아타운은 한국의 음식을 맛 볼 수 있고, 한국관련 상품을 구입할 수 있고, 나아가 한국문화의 발신지로서의 역할을 담당하고 있다.

(2) 재일코리안의 한류 인식

재일코리안의 한류 인식에 대한 결과는 〈표 4.19〉와 같다.

표 4.19 재일코리안의 한류 인식(N(%))

변인 \ 척도		전혀 그렇지 않다	그렇지 않다	보통이다	그런 편이다	매우 그렇다
모국의 이미지 및 제품 선호도	모국에 대한 이미지 제고	1 (1.0)	2 (2.0)	8 (8.2)	49 (50.0)	38 (38.8)
	모국 사람에 대한 이미지 제고	0 (0.0)	2 (2.0)	6 (6.1)	54 (55.1)	36 (36.7)

78 필자는 지난 4월 17일부터 23일까지 오사카 이쿠노쿠 코리아타운 현지조사 당시 식당을 운영하는 재일코리안의 인터뷰에서 한류가 재일코리안의 경제적 문제를 해결하는 데 아주 중요한 역할을 하고 있음을 확인하였다. 재일코리안 장○○에 따르면, “우리나라 대통령은 한류 스타에게 표창장을 줘야 한다. 카라, 류시원, 비 등 한류 스타 덕분에 일본인 팬들이 식당에서 팬클럽 모임을 하게 되어 식당 매출이 월등히 증가했다”고 말하고 있다.

79 『동아일보』, 2014/05/15.

변인	척도	전혀 그렇지 않다	그렇지 않다	보통이다	그런 편이다	매우 그렇다
	모국어 학습 의향	0 (0.0)	2 (2.0)	14 (14.3)	62 (63.3)	20 (20.4)
	모국 방문 의향	1 (1.1)	5 (5.1)	19 (19.4)	50 (51.0)	23 (23.5)
	모국의 상품 구매 의향	2 (2.0)	2 (2.0)	8 (8.2)	56 (57.1)	30 (30.6)
모국과 거주국 간 관계	한·일 간의 역사문제 이해	5 (5.1)	30 (30.6)	32 (32.7)	29 (29.6)	2 (2.0)
	모국과의 우호관계 강화	0 (0.0)	3 (3.1)	30 (30.6)	56 (57.1)	9 (9.2)
디아스포라에 대한 인식 및 이미지	재일코리안에 대한 차별 의식 약화	1 (1.0)	15 (15.3)	50 (51.0)	28 (28.6)	4 (4.1)
	재일코리안의 자긍심 제고	0 (0.0)	7 (7.1)	36 (36.7)	49 (50.0)	6 (6.1)
	재일코리안의 이미지 제고	0 (0.0)	6 (6.1)	29 (29.6)	56 (57.1)	7 (7.1)

첫째, '모국의 이미지 및 제품 선호도'와 관련된 항목들의 결과를 살펴보면, '모국 사람에 대한 이미지 제고' 항목에서 '그런 편이다'(55.1%), '매우 그렇다'(36.7%)로 긍정적인 답변을 한 응답자가 전체의 90명(91.8%)으로 다른 항목에 비해 가장 높은 비율을 보였다. '모국에 대한 이미지 제고' 항목에서는 '그런 편이다'(50.0%), '매우 그렇다'(38.8%)로 긍정적인 답변을 한 응답자가 전체의 87명(88.8%)으로 부정적인 답변을 한 경우(3명, 3.0%)보다 높은 것으로 나타났다. '모국의 상품 구매 의향' 항목에서는 '그런 편이다'(63.3%), '매우 그렇다'(20.4%)로 긍정적인 답변을 한 응답자가 전체의 82명(83.7%)으로 부정적인 답변을 한 응답자(2명, 2.0%)보다 많은 것으로 나타났다. '모국 방문 의향' 항목에서는 '그런 편이다'(57.1%), '매우 그렇다'(30.6%)로 긍정적인 답변을 한 응답자가 전체의 86명(77.8%)으로 부정적인 답변을 한 응답자(4명,

4.0%)보다 많았다. '모국어 학습 의향' 항목에서는 '그런 편이다'(51.0%), '매우 그렇다'(23.5%)로 긍정적인 답변을 한 응답자가 전체의 73명(74.5%)으로 부정적인 답변을 한 응답자(6명, 6.2%)보다 많은 것으로 나타났다.

둘째, '모국과 거주국 간 관계' 와 관련된 항목들의 결과를 살펴보면, '모국과의 우호관계 강화' 항목에서는 '그런 편이다'(57.1%), '매우 그렇다'(9.2%)로 긍정적인 답변을 한 응답자가 전체의 65명(66.3%)으로 부정적인 답변을 한 응답자(3명, 3.1%)보다 많은 것으로 나타났다. 반면, '한 · 일 간의 역사문제 이해' 항목에서는 '전혀 그렇지 않다'(5.1%), '그렇지 않다'(30.6%)로 부정적인 답변을 한 응답자가 전체의 35명(35.7%)으로 긍정적인 답변을 한 응답자(31명, 31.6%)보다 약간 우세한 것으로 나타났다.

셋째, '디아스포라에 대한 인식 및 이미지'와 관련된 항목들의 결과를 살펴보면, '재일코리안의 이미지 제고' 항목에서는 '그런 편이다'(57.1%), '매우 그렇다'(7.1%)로 긍정적인 답변을 한 응답자가 전체의 63명(64.2%)으로 부정적인 답변을 한 응답자(6명, 6.1%)보다 매우 높은 비율을 차지했다. '재일코리안의 자긍심 제고' 항목에서는 '그런 편이다'(50.0%), '매우 그렇다'(6.1%)로 긍정적인 답변을 한 응답자가 전체의 55명(56.1%)으로 부정적인 답변을 한 응답자(7명, 7.1%)보다 많은 것으로 나타났다. '재일코리안에 대한 차별의식 약화' 항목에서는 '그런 편이다'(28.6%), '매우 그렇다'(4.1%)로 긍정적인 답변을 한 응답자가 전체의 32명(32.7%)으로 부정적인 답변을 한 응답자(16명, 16.3%)보다 많았다. 그러나 이 항목에서 전체의 50명(51.0%)이 '보통이다'라는 답변을 한 것으로 나타나 다른 항목과는 상이한 결과를 보여주고 있다.

재일코리안의 한류 인식에 대한 결과를 요약해보면, '모국 및 모국 사람에 대한 이미지 제고', '모국 상품 구매 의향', '모국 방문 의향' 등의 항목에서는 긍정적인 답변이 매우 높은 반면, '한 · 일 간의 역사 문제에 대한 이해' 항목에서는 부정적인 답변이 긍정적인 답변보다 약간 우세한 것으로 나타났다. 이러한 결과에서 유추해 볼 수 있는 것은 한 · 일 양국 간의 과거사 및 역사 인식에 기인한 뿌리 깊은 정치적 갈등이 재일코리안 사회에 영향을 미치고 있음을 알 수 있다.

제5장 맺음말

이 책은 중국조선족과 재일코리안의 주요 집거지에서 이루어지고 있는 모국 및 거주국의 전통 민속문화 생활이 어떻게 향유되고 있는지와 집거지에서 열리고 있는 축제문화가 어떻게 향유되고 소통되는지 살펴보았다. 그리하여 중국조선족과 재일코리안의 문화영토는 어떠한 특성을 가지고 있는지 규명하고자 하였다. 이러한 목적을 달성하기 위해 연구자들은 기존에 출간된 자료의 검토와 현지 방문조사 및 구술조사 등 다양한 방법을 동원하여 분석하였다. 현지조사는 중국 길림성의 연길, 용정, 도문과 일본의 도쿄와 오사카를 중심으로 이루어졌다. 이 책의 중심 내용을 요약하면 다음과 같다.

① 중국조선족과 재일코리안의 문화접변 전략을 비교해보면 다음과 같다. 첫째, 베리의 네 가지 문화접변 전략을 바탕으로 만들어진 배리의 EAAM 29개 항목을 통해서 나타난 두 집단의 문화접변 전략은 통합유형이 우세한 것으로 나타났다. 이 통합유형은 한민족의 고유한 문화와 정체성을 유지, 발전시킴과 동시에 새로운 정착사회의 문화 수용에 긍정적이면서 그들과의 사회적 관계를 잘 형성하는 것이다. 그런 의미에서 중국조선족과 재일코리안은 민족적 정체성을 유지하고 거주국의 사회문화와 사회적 가치를 수용하고 그들과 공존하는 전략을 취하고 있다는 것을 확인할 수 있다.

둘째, 중국조선족과 재일코리안 간의 차이를 살펴보면 두 가지 부분에서 의미 있는 결과가 나타났다. 우선, 중국조선족은 통합전략(M=3.566)과 분리전략(M=3.316)이 비슷한 수준을 보인 반면, 재일코리안은 상대적으로 통합전략(M=3.840)이 분리전략(3.125)보다 높게 나타났다. 다음으로, 주변화유형 척도에서 중국조선족(M=1.828)보다는 재일코리안(M=2.272)의 평균값이 상대적으로 높게 나타났다. 이러한 사실은 도쿄에 거주하고 있는 재일코리안들이 정착사회에서 다소 주변화 경향이 있는 것으로, 거주국에서 사회문화적 적응에 어려움이 있음을 이해할 수 있다. 이렇게 두 집단 간의 차이가 나타난 배경은 무엇보다 거주국의 소수민족 혹은 외국인에 대한 정책과 그들 사회에서 지배민족의 편견과 차별적 태도에서 비롯된 것이라 볼 수 있다.

셋째, 문화접변 척도 29개 항목 중 '언어 사용 및 구사력' 관련 항목에서 중국조선족과 재일코리안 간의 차이가 존재함을 확인할 수 있었다. 동화유형 척도에서 "중국어(일본어)로 글쓰기를 더 잘한다" "집에서 주로 중국어(일본어)를 사용한다" "시를 쓴다면 중국어(일본어)로 쓰는 것을 더 좋아한다" 등과 통합유형 척도에서 "두 가지 언어로 농담을 다 할 수 있다" "조선어로 생각한 것처럼 중국어(일본어)로도 생각할 수 있다" 등에서 재일코리안의 평균값이 현저히 낮게 나타났다. 이러한 결과가 나타난 원인으로는 일본의 재일코리안에 대한 차별 · 배제 정책(최근 아베정권의 고교무상화법 등)이 여전히 지속되고 있다는 점과 도쿄 거주 재일코리안은 주로 1980년대 이후부터 이주했다는 사실과 관련이 있다.

② 중국조선족과 재일코리안 간의 민속문화 향유 실태를 살펴보면 다음과 같다.

먼저, 한민족(모국)의 세시풍속과 민속문화 향유 실태를 비교해보면, 첫째, 민족명절과 민속놀이 문화에서 중국조선족과 재일코리안은 큰 차이를 보이지 않았다. 이들 모두 민족명절은 설날, 추석, 정월 보름 등을 중시하고 있는 것으로 나타났다. 민속놀이 문화에서는 화투놀이와 윷놀이를 자주 하는 것으로 나타났다. 둘째, 인생의례 향유 측면에서 보면 두 집단은 조금씩 차이가 있는 것으로 나타났다. 중국조선족은 돌잔치 95.3%, 결혼식 98.2%, 환갑잔치 95.9%가 향유되고 있는 반면, 재일코리안은 돌잔치 56.7%, 결혼식 82.5%, 환갑잔치 42.1% 등이 향유되고 있는 것으로 나타나 상대적으로 소극적인 것으로 조사되었다. 또한 성묘와 세배, 제사 등에서도 중국조선족이 성묘 76.9%, 세배 91.1%, 제사 88.2%가 향유되고 있는 반면, 재일코리안은 성묘 62.5%, 세배 74.0%, 제사 65.6%가 지켜지고 있는 것으로 나타났다. 셋째, 한민족의 전통의상인 한복의 착용 실태를 살펴보면, 중국조선족과 재일코리안 모두 전반적으로 자주 입지 않은 것으로 나타났다. 다만 한복을 입은 횟수 중 "지금까지 1-2회 정도 입었다" 항목에서 중국조선족은 39.4%인 반면, 재일코리안은 76.1%로 나타났다. 한복을 주로 착용하는 때는 언제인가라는 질문에서 중국조선족은 결혼식 행사 때 61.7%, 명절에 19.4%, 교회 행사 5.6%, 제사 3.6%, 축제 2.6% 순으로 나타났으며, 재일코리안은 결혼식 행사 때 56.0%, 명절에 18.3%, 교회 행사 11.9%, 축제 8.3%, 제사 1.8% 순으로 나타났다. 넷째, 전통 민족음악의 향유 실태를 비교해보면, 중국조선족과 재일코리안 간의 차이가 존재한다. 전통민요인 아리랑의 향유 실태를 보면 중국조선족은 직접 부른 경험이 있는 경우 87.1%, 들어 본 경험이 있는 경우 94.2%로 나타났으며, 재일코리안은 직접 부른 경험이 있는 경우 74.0%, 들어 본 경험이 있는 경우 97.9%로 나타났다. 아리랑을 직접 부른 경험에서 중국조선족이 재일코리안보다 조금 많은 것으로 나타났다. 판소리, 농악, 탈춤의 경우 직접 부른 경험에서는 비슷하게 나타났으나 들어본 경험에서는 재일코리안(판소리 93.8%, 농악 95.4%, 탈춤 85.3%)이 중국조선족(판소리 75.3%, 농악 66.1%, 탈춤 68.0%)보다 조금 많은 것으로 나타났다.

다음으로, 호스트 사회(거주국)의 세시풍속과 민속문화 향유 실태를 살펴보면 다음과 같다. 중국조선족은 중국의 민족명절 중에서 춘절(설날), 추석, 정월 보름, 청명절 등을 잘 지키는 것으로 나타났다. 중국의 전통 민속놀이 중에서는 춘절(설날)에서부터 정월 보름 기간 동안 주로 하는 폭죽놀이(52.3%)와 마작(41.3%)을 즐겨 하는 것으로 나타났다. 중국조선족은 중국의 전통의상보다는 한민족의 전통의상인 한복을 더 자주 입은 것으로 나타났다. 중국조선족의 전통의상 착용 실태를 비교해보면, 결혼식이나 명절 때에는 한민족의 전통의상인 한복을 더 많이 착용하고 있으며, 축제나 교회 행사에는 한복보다는 중국의 전통의상을 더 자주 착용하는 것으로 나타났다. 중국조선족은 중국의 전통음악 중 전통민요인 모리화에 가장 친숙한 것으로 나타났다. 재일코리안은 일본의 민족명절 중에서 연말행사와 설날, 성인식, 시치고산 등을 잘 지키는 것으로 나타났다. 일본의 전통 민속놀이 문화 중에서는 본오도리, 오리가미, 오테다마, 장기 등을 즐겨하는 것으로 나타났다. 일본의 전통의상인 기모노 착용은 자주 입지 않은 것으로 나타났으며, 주로 축제 때 입는 것으로 나타났다. 재일코리안은 일본의 전통음악 중에서 전통 공연예술인 가부키를 즐겨 하는 것으로 나타났다.

③ 중국조선족과 재일코리안의 민족의식 및 한민족 문화 이해, 그리고 사회단체 활동을 살펴보면 다음과 같다. 첫째, 민족의식에 관한 중국조선족은 한민족이라는 자긍심에 대해 전체의 50.0%가 긍정적으로 생각하고 있는 것으로 나타났다. 또한 "한민족의 일원인 것에 자부심을 갖는다"라는 질문에 47.6%가 긍정적인 답변을 하였다. 반면, 중국조선족은 문화적 측면, 즉 "나는 한국문화가 더 중요하다고 생각한다" 항목에서는 전체의 78.5%가 부정적으로 생각하고 있는 것으로 답변했다. 또한 "나는 한국인이라고 생각한다" 항목에서도 전체의 78.5%가 부정적인 답변을 했다. 그리고 조선족에 대한 귀속 의식에 대한 질문에서는 45.4%가 긍정적인 답변을 했고, 10.5%는 부정적인 답변을 했다. 재일코리안은 중국조선족에 비해 한민족이라는 자긍심, 역사 이해, 자부심, 한국인이라는 생각 등에서 상대적으로 긍정적인 답변이 많은 것으로 나타났다. 재일코리안이라는 귀속 의식에 대한 질문에서는 37.1%가 긍정적인 답변을 했으며, 부정적인 답변은 15.4%로 나타났다.

둘째, 한민족의 문화 이해 측면에서 중국조선족은 전반적으로 한민족의 음식을 자주 해 먹는 편이며, 한민족의 노래와 춤을 즐겨 부르고, 한국어 사용에도 큰 문제가 없음을 알 수 있다. 다만, 중국조선족은 한민족의 전통 생활 예절에 대한 인식 및 실천 면에서 상대적으로 저조하게 나타났다. 이러한 사실은 중국조선족의 일상 생활문화가 거주국 사회의 생활문화와 혼용되면서 나타나는 현상이라 볼 수 있다. 재일코리안은 중국조선족보다는 한민족의 문화 이해에 대한 긍정적인 답변이 상대적으로 높게 나타났다. 이러한 사실은 거주국의 이주민에 대한 법·제도적 장치와 사회적 편견 등과 관련이 있는 것으로 보인다. 특히 재일코리안은 일본의 강력한 배외주의로 호스트 사회에서 사회적 차별과 배제의 대상이 되고 있다.

셋째, 거주국에서 사회단체 활동 및 거주국 사회의 생활만족도를 보면, 중국조선족에 비해 재일코리안의 사회단체 활동이 좀 더 적극적으로 이루어지고 있는 것으로 나타났다. 거주국 사회의 지원 정책과 정보 제공에 대한 인식 측면에서 중국조선족은 상대적으로 부정적인 답변이 많았고, 중국정부의 지원정책이나 생활에 대한 만족도는 각각 54.0%, 51.7%로 과반수 이상이 긍정적인 답변을 하였다. 재일코리안은 일본정부의 지원정책과 정보 제공에 대해 각각 20.0%, 5.2%만이 긍정적인 답변을 하였고, 일본정부의 지원 정책의 만족도에서도 3.2%만이 긍정적인 답변을 하였다. 반면 현재 일본 생활에 대한 만족도는 52.7%가 긍정적인 답변을 하였다.

④ 중국조선족과 재일코리안 간의 축제문화를 비교해보면 다음과 같다. 먼저, 중국조선족은 중국정부의 소수민족정책과 소수민족 문화 지원사업을 바탕으로 조선족의 고유한 민족문화를 보존, 계승, 발전시키기 위한 다양한 유형의 축제를 개최하고 있다. 이를 통해 주내 조선족 및 다른 민족 구성원들의 조선족 문화예술 향유 기회를 확대하고, 지역 내 구성원들과 일상적으로, 지속적으로 소통하는 데 역점을 두고 있다. 즉 중국조선

족 사회는 다양한 형태의 축제를 통해 조선족 특색의 민족정체성을 발현시킴과 동시에 한족 및 다른 소수민족의 문화를 수용하고 존중하는 전략적 태도를 견지하고 있다. 특히 중국 연변조선족자치주 성립을 기념하는 9·3절 기념 축제에서는 조선족 특색의 한민족 문화뿐만 아니라 한족 및 다른 소수민족(만주족, 회족, 몽골족 등) 문화 간의 교류·융합이 이루어지는, 이른바 혼종문화(hybrid culture)의 장이 되고 있다.

재일코리안은 일본의 배외주의 정책으로 일제 식민지 이후 오랫동안 사회적 차별과 배제의 삶을 살아왔다. 그런 점에서 소수민족 자치를 허용하는 중국과는 달리 일본에서 재일코리안들은 다양한 형태의 축제를 개발하지는 못했다. 재일코리안들은 민족의 언어와 문화를 계승, 발전시키기 위해 일본 사회에 저항하기도 했으며, 자생적으로 축제를 개최하여 민족적 정체성을 지역사회에 표방하였다. 1983년 일본 오사카 이쿠노쿠에서 개최된 '이쿠노민족문화제'가 대표적이다. 그 뒤를 이어서 나타난 '원코리아 페스티벌'은 일본에 거주하고 있는 재일코리안 사회의 화합과 통일을 위한 목적으로 1985년 제1회를 시작으로 현재까지 지속되고 있다. 최근에는 재일코리안 사회의 통일뿐만 아니라 일본, 나아가 아시아지역으로까지 확대하여 다문화 공생, 아시아 공동체를 지향하는 축제로 확장되어 가고 있다. 그리고 2009년에 처음 개최된 오사카 이쿠노쿠 미유키도오리 코리아타운 공생축제는 지역사회에 거주하고 있는 재일코리안, 한국인, 일본인 등이 함께 참가하여 각국의 문화를 공유하고 소통하는 장이 되고 있다. 특히 이 축제는 전통과 현대의 문화가 공존하는 축제이며, 다민족의 문화가 공존, 공생하는 열린 문화의 장으로 발전하고 있다.

⑤ 중국조선족과 재일코리안의 한류에 대한 인식을 비교해보면 다음과 같다. 전체적으로 재일코리안들이 중국조선족보다 한류에 대해 긍정적으로 생각하고 있는 것으로 나타났다. 그러나 양국 간의 역사문제에 대

한 이해라든가 조선족 및 재일코리안에 대한 차별 의식에 있어서는 모두 다 부정적인 답변이 우세했다. 이러한 사실에서 우리가 이해할 수 있는 것은 중국조선족의 경우에는 이중적 정체성이 반영된 결과이며, 재일코리안의 경우에는 한・일 양국 간에 존재하는 과거사 및 역사 문제, 영토 문제 등 정치외교적 갈등 관계가 크게 반영된 것으로 볼 수 있다. 이러한 맥락에서 한류가 모국의 국가 이미지 제고나 모국 방문, 모국 상품 구매 의향을 제고시키는 데 머무르지 않고, 중국조선족과 재일코리안의 지위 향상 및 국가 간의 관계 개선에도 기여하기 위해 필요한 정책 방향을 제시해보면 다음과 같다.

첫째, 한류와 반한류가 공존하고 있는 사회에서, 특히 반한류 현상을 해소하기 위해서는 국가 간의 정치적, 문화적 갈등을 최소화하는 정책이 중요하다. 특히 중국과 일본에서의 반한류는 동북공정 및 일본 식민지 통치와 같은 과거사 문제, 백두산 및 독도 관련 영토문제, 아리랑 및 강릉 단오절의 세계문화유산 등록과 같은 문화적 갈등 등에서 주로 나타나고 있다. 그런 점에서 한류가 지나치게 민족주의적 우월성을 강조하는 방향으로 나아가서는 안 된다는 것이다. 즉 한류는 아시아적 감성과 정서를 공유하고, 아시아적 공통 가치를 창출하는 방향으로 개발되어야 한다. 둘째, 모국과 디아스포라 간의 관계 개선을 위한 노력이 이루어져야 한다. 중국조선족은 1990년대 이후부터 모국에 이주하여 국내인들이 기피하는 3D 업종에 종사하면서 모국 경제의 한 축을 담당하고 있음에도 불구하고 그에 대한 정당한 평가를 받고 있지 못한 것에 대해 상당한 불만을 가지고 있다. 이러한 모국사회에서의 차별과 배제의 경험은 고스란히 중국에 거주하고 있는 가족과 친지들에게도 영향을 미치고 있다. 따라서 한국사회에 거주하고 있는 조선족의 처우개선을 위한 정책 방안이 모색되어야 한다. 또한 재일코리안의 경우는 한・일 간 정치외교적 갈등의 직접적인 피해당사자들이기에 정치적으로 민감한 이슈에 대해서는 신중하게 접근할 필요가 있다.

이 책은 코리안 디아스포라의 문화영토의 특성을 살펴보기 위해 현지조사(중국 길림성 연변조선족자치주, 일본 오사카 및 도쿄)와 설문조사를 통해 이루어진 연구이지만, 특정 지역을 대상으로 진행된 연구이다 보니 170여 국가에 거주하고 있는 코리안 디아스포라의 문화영토의 특성을 규명하는 데 일정한 한계가 있을 수밖에 없음을 밝혀둔다. 이러한 한계들은 향후 다른 지역을 방문하여 많은 사례들을 수집하고 조사하는 추가적인 연구를 통해 보완될 것으로 기대한다.

향후 연구과제는 중국조선족, 재일코리안, 고려인을 대상으로 민족이산의 초국가적 성격을 규명하는 것이다. 구체적으로 코리안 디아스포라의 이주의 유출 요인과 유입 요인을 밝혀내고, 민족이산의 보편성과 특수성을 규명할 것이다. 이러한 연구는 코리안 디아스포라의 이주의 유형화를 제시하는 데 기여할 것으로 보인다.

‖ 참고문헌 ‖

강내영. "중국의 항한류 현상 연구: 드라마와 영화를 중심으로". 『중국학연구』 제43집, 2008.

강보유. "세계속의 한류: 중국에서의 한류와 한국어교육 그리고 한국문화전파". 『한국언어문화학』 제4권 제1호, 2007.

강재원. "다문화 호주사회의 문화적응과 민족의 고유한 스포츠문화 참가: 한인 1.5-2세대 청소년들을 대상으로". 『재외한인연구』 제27호, 2012.

강재호. "재일한인 지방참정권운동에 나타난 연대 · 네트워크". 『한일민족문제연구』 제13호, 2007.

강진웅. "디아스포라와 현대 연변조선족의 상상된 공동체: 종족의 사회적 구성과 재영토화". 『한국사회학』 제46집 4호, 2012.

강한균. "동남아지역의 한류 문화콘텐츠가 한국의 수출과 FDI에 미치는 경제적 효과". 『무역학회지』 제34권 제1호, 2009.

강희봉. "총련과 민단의 조국통일". 『2008 도쿄 제9회 세계한민족포럼』 자료집, 2008.

고모다 마유미. "일본의 다문화 공생은 가능한가?". 『민족연구』 제30호, 2007.

고정민. "드라마 대장금의 경제적 효과에 대한 연구". 『문화산업연구』 제9권 1호, 2009.

고정자 · 손미경. "한국문화 발신지로서의오사카 이쿠노쿠 코리아타운". 임영상 외. 『코리아타운과 한국문화』, 서울: 북코리아, 2012.

구차순. "결혼이주여성의 적응에 관한 근거이론 연구", 부산대학교 박사학위논문, 2007.

국립민속박물관. 『일본 관서지역 한인동포의 생활문화』, 2002.

국립민속박물관. 『일본 관동지역 한인동포의 생활문화』, 2005.

권복순. "한국어 능력, 자아존중감이 결혼이주여성의 문화적응 스트레스에 미치는 영향". 『한국사회복지학』 제61권 제2호, 2009.

권복순 · 차보현. "농촌지역 코시안 가정주부의 의사소통능력, 문화적 정체성이 결혼만족도에 미치는 영향". 『한국사회복지학』 제58집 3호, 2006.

김가야. “일본 한류의 현황과 전망”. 『민족연구』 36집, 2008.
김게르만. “카자흐스탄 한인의 사회와 문화의 발전”. 『비교문화연구』 제2호, 1995.
김경학. “한국 화교의 초국가적 성격과 전망: 광주지역 화교를 중심으로”. 『民族文化論叢』 제51집, 2013.
김미성. “축제와 환상”. 유럽사회문화연구소. 『축제문화의 제현상』, 서울: 연세대학교 출판부, 2006.
김병인. 『역사의 지역축제적 재해석』, 서울: 민속원, 2004.
김성섭 · 김미주. “태국사회에서 한류 대중문화상품이 한국의 국가이미지 인식과 한국 방문의향에 미치는 영향”. 『관광연구』 제23권 제4호, 2009.
김성윤. “한반도 통일을 위한 재일동포 사회의 역할”. 『한국동북아논총』 제17집 2호, 2012.
김연수. “여성결혼이민자 문화적응척도 개발 연구”. 『여성연구』 제81집 2호, 2011.
김영술 · 홍인화. “중앙아시아 고려인의 광주지역 이주와 문화변용에 관한 연구”. 『디아스포라연구』 제7집 1호, 2013.
김유경 · 이창현 · 손산산. “국가브랜드에 대한 태도가 상품구매 의도에 미치는 영향: 중국의 한류를 중심으로”. 『커뮤니케이션학연구』 제16권 2호, 2008.
김주연 · 안경모. “아시아국가에서의 K-pop 이용행동과 K-pop으로 인한 국가호감도 및 한국 방문의도 변화”. 『한국콘텐츠학회논문지』 제12권 1호, 2012.
김지영. “「조국」 문화로서의 「한류」: 재일한국 · 조선인의 한류 미디어 접촉을 중심으로”. 『일본문화학보』 제41집, 2009.
김춘식 · 남치오. 『세계 축제경영』, 서울: 김영사, 2002.
김현선. “재일코리안의 축제와 민족정체성”. 『일본연구논총』 제26호, 2007.
김현실. “결혼이주여성의 문화변용, 문화적응 스트레스 및 우울의 관계”. 『보건과 사회과학』 제32권, 2012.
김홍규 · 오세정. “축제의 의미”. 『주관성 연구』 제18호, 2009.
남근우. “재일동포사회의 문화정체성에 관한 연구: 민족, 조국 귀속성, 현실의 3중 경계 문화정체성을 중심으로”. 『국제정치논총』 제51집 4호, 2010.
라경수. “일본의 다문화주의와 재일코리언”. 『재외한인연구』 제22호, 2010.
류춘렬 외. 『한류확산을 위한 로드맵 구축 연구』, 방송통신위원회. 2008.
문옥표. “관서지역 한인동포 생활문화의 특징”. 국립민속박물관. 『일본 관서지역 한인동포의 생활문화』, 2002.
문화체육관광부 · (재)한국문화산업교류재단. “해외 한류 실태 조사 결과 보고: 아시아,

미주, 유럽, 중동, 아프리카 지역 대상", 2014.
박광해. "중국에서의 '한류' 열풍 및 그 전파 원인". 『한국학논집』 제31집, 2004.
박상훈 · 문상정. "축제 참여경험이 심리적 안녕감과 문화적 인식에 미치는 영향: 다문화축제 참여 이주여성을 대상으로". 『관광경영연구』 제16권 3호, 2012.
박선옥. "여성결혼이민자 수기에 나타난 문화변용 양상 연구". 『다문화콘텐츠연구』 제11권, 2011.
박수경. "재일 코리안 축제와 마당극의 의의: 生野民族文化祭를 중심으로". 『일본문화학보』 제45집, 2010.
박순아. "금강산 가극단: 재일동포가 해외에서 유지한 한국전통음악문화". 『음악과문화』 제25호, 2011.
박순찬 · 최종일. "한류의 무역창출 효과". 『경제분석』 제15권 제1호, 2009.
박재복. 『한류, 글로벌 시대의 문화경쟁력』, 삼성경제연구소, 2005.
박정의 · 성지연. "재미한인의 삶의 만족감과 문화변용". 『스피치와 커뮤니케이션』 19집, 2012.
__________. "재미한인의 문화변용전략과 미디어 콘텐츠". 『한국콘텐츠학회논문지』 제12권 제12호, 2012.
변화영. "자이니치의 경험과 기억의 서사: 원수일의 '아카이노 이야기'를 중심으로". 『현대문화이론연구』 제45호, 2011.
선봉규 · 김나경. "중국 연변조선족의 문화변용전략 양상 연구: 연길시 거주 조선족을 중심으로". 『평화학연구』 제14권 5호, 2013.
선봉규. "중국 연변조선족의 9 · 3절 기념축제의 콘텐츠와 정체성 연구". 『평화학연구』 제15권 3호, 2014.
_____. "한민족 디아스포라의 문화변용 연구: 중국조선족과 재일코리안을 중심으로". 『민족문화논총』 제56집, 2014.
_____. "중국조선족과 재일코리안의 한류(Korean Wave) 인식에 관한 연구". 『한국동북아논총』 제19집 제4호, 2014.
성정혜. "탈식민시대의 디아스포라와 혼종성: 살만 루시디의 자정의 아이들, 수치, 악마의 시", 이화여자대학교 대학원 박사학위논문, 2010.
손미경. "오사카 원코리아 페스티벌: 통일운동에서 다문화 공생의 장으로". 『재외한인연구』 제23호, 2011.
_____. "'문화플랫폼'으로서 도쿄 · 오사카 코리아타운 연구", 한국외국어대학교 대학원 박사학위논문, 2013.

신진호. “중국 내 한류에 관한 고찰: 최근의 한중 언론보도를 중심으로”. 『중국어문학논집』 제34호, 2005.
신혜숙 · 김미영. “미국이민 한국인의 문화변용 스트레스와 일상생활 스트레스 정도에 관한 연구”. 『동서간호학연구지』 제12집 1호, 2006.
양옥경 · 김연수. “서울거주 여성결혼이민자의 우울에 영향을 미치는 요인 연구”. 『정신보건과 사회사업』 제26집, 2007.
위택환. 『한류: K-Pop에서 K-Culture로』, 문화체육관광부 해외문화홍보원, 2012.
유경진 · 박연진 · 황하성. “신한류 효과: 중국인들의 K-POP 이용이 한국과 한류에 대한 호감도에 미치는 영향”. 『한국언론정보학보』 통권 65호, 2014.
유재웅. “한국 TV 드라마 시청이 제작국 이미지에 미치는 영향: 중국과 일본 시청자를 대상으로”. 『홍보학연구』 제11권 제2호, 2007.
윤인진. “북한이주민의 문화변용과 사회적응”. 『한국학연구』 제41집, 2012.
이광규. 『재일한국인: 생활실태를 중심으로』, 서울: 일조각, 1983.
이동연. “한류 문화자본의 형성과 문화민족주의”. 『문화과학』 42호, 2005.
이문웅. 『세계의 한민족: 일본』, 통일원, 1996.
이성우. “동아시아 영토갈등의 해결을 위한 레짐의 가능성과 한계: 국제레짐에 대한 이론적 고찰”. 『국제지역연구』 제16권 2호, 2012.
이성재. “일본의 축제와 웃음: 간사이 지역의 웃음 마쓰리를 중심으로”. 『역사와 문화』 제18호, 2009.
이운영. “한류의 원산지효과”. 『무역학회지』 제32권 제5호, 2006.
이유숙. “在日コリアン社會の中の祭祀の變容”. 『韓日民族問題硏究』 제22호, 2012.
이인구 · 김종배. “중국과 일본에서의 한류 현상에 대한 탐험적 연구”. 『마케팅관리연구』 제12권 제1호, 2007.
이인숙. “중국의 한류 콘텐츠 수용 현황과 특징: 시청자는 ‘치맥’에 열광, 지도층은 제작시스템에 주목”. 『신문과 방송』 5, 2014.
이종하. “철학으로 읽는 축제”. 김영순 · 최민성 외. 『축제와 문화콘텐츠』, 서울: 다할미디어, 2006.
이준웅. “한류의 커뮤니케이션 효과: 중국인의 한국 문화상품 이용이 한국에 대한 인식과 태도에 미치는 영향”. 『한국언론학보』 제47권 제5호, 2003.
이창현. “한류경험의 유형이 한국 국가브랜드 이미지, 기업 및 제품의 인식에 미치는 영향에 관한 연구”, 한국외국어대학교 대학원 박사학위논문, 2009.
이한우. “베트남에서의 ‘한류’, 그 형성과정과 사회경제적 효과”. 『동아연구』 제42집,

2002.
이향진. "한류와 자이니치". 『일본학』 제32집, 2011.
임선일. 『한국사회 이주노동자의 문화변용』, 파주: 한국학술정보, 2011.
임영상. "우즈베키스탄 고려인의 전통명절과 문화콘텐츠: 단오 축제를 중심으로". 『재외한인연구』 제20호, 2009.
임영언 · 임온규. "한류(韓流)문화를 통한 한국이미지 변용에 관한 연구". 『일어일문학연구』 제84권 2호, 2013.
임채완. "재일코리안과 한일관계". 전남대학교 일본문화연구센터 편. 『한일문화교류와 표상』 2, 광주: 전남대학교출판부, 2012.
임채완 · 선봉규. "과계민족으로서 중국조선족 민족정체성과 문화변용 상관성 연구". 『세계지역연구논총』 제31집 3호, 2013.
____________. "디아스포라적 문화접변과 동반성장에 관한 연구: 일본 오사카지역 재일코리안을 중심으로". 『민족연구』 제60집, 2014.
임채완 · 선봉규 외. 『코리안 디아스포라: 이주루트와 기억』, 성남: 북코리아, 2013.
장규수. "한류의 어원과 사용에 관한 연구". 『한국콘텐츠학회논문지』 제11권 9호, 2011.
장윤수. "재외한인사회와 민족문화네트워크". 『대한정치학회보』 제14집 2호, 2006.
장윤수. 『코리안 디아스포라와 문화 네트워크』, 성남: 북코리아, 2010.
장윤수 · 임채완 외. 『재외한인의 문화생활』, 성남: 북코리아, 2006
정갑수. "정갑수 원코리아페스티벌 대표 인터뷰: 원코리아 · 원 아시아 메시지 확산, 동북아 공동번영 길 튼다". 『한인네트워크』 1월 호, 2008.
정병호. "세시와 놀이". 국립민속박물관. 『일본 관서지역 한인동포의 생활문화』, 2002.
정성하. "코리안 디아스포라의 자기인식과 디아스포라 미션". 『선교와 신학』 17집, 2006.
정신철. 『중국조선족사회의 변천과 전망』 중국: 요녕출판사. 1999.
정영훈."한민족 공동체 형성과제와 민족정체성의 문제". 『재외한인연구』 제12권 2호, 2002.
정찬원. 『재일한국인과 일본인의 인식차이』, 서울: 재외동포재단, 2004.
정형식. "중국시장에서 소비자의 한류지각이 한국상품 구매 및 국가이미지에 미치는 영향". 『소비자학연구』 17권 3호, 2006.
정혜영 · 김진우. "베트남 여성결혼 이민자 가족의 문화적응 과정에서 나타나는 갈등 연구". 『한국사회복지학』 제62권 제2호, 2010.

조창환 · 성윤지. "국내체류 외국인의 한국 문화적응과 모국문화 친화도에 영향을 미치는 요인: 영어권 외국인과 유학생을 중심으로". 『한국언론학보』 제54권 제4호, 2010.
조한혜정. "동/서양 정체성의 해체와 재구성: 글로벌 지각 변동의 징후로 읽는 '한류 열풍'". 한국문화인류학』 제35집 1호, 2002.
주정민. "한류 콘텐츠에 대한 '반한류' 현상의 원인과 대응: 중국, 일본을 중심으로". 『디아스포라연구』 제7권 제2호, 2013.
지충남. "재일동포와 원코리아 페스티벌: 통일과 공생의 기제". 『OUGHTOPIA』 제28권 1호, 2013.
______. "재일한인 디아스포라 이주와 집거지 형성 비교 연구". 『대한정치학회보』 제20집 2호, 2012.
진종헌 · 박순찬. "한류의 문화지리학: 한류의 지리적 재편과 문화담론의 재구성에 대한 시론". 『문화역사지리』 제25권 제3호, 2013.
진희관. "재일동포들의 축제". 『통일한국』 11월 호, 2001a.
진희관. "재일동포사회의 통일축제". 『통일한국』 12월 호, 2001b.
차승기. "지방주의의 역사-지정학: 식민지 시기 내지 이주 조선인들의 지방주의적 갈등". 『디아스포라연구』 제6권 2호, 2012.
채나리. "북한이탈주민의 문화변용과 남한사회 적응에 관한 연구". 『사회복지실천』 제10권. 2011.
청암대학교 재일코리안연구소 편. 『재일코리안 디아스포라의 형성: 이주와 정주를 중심으로』, 서울: 선인, 2013.
최경린 · 박정의. "자아구성이 문화변용전략에 미치는 영향: 재한 중국인 유학생을 중심으로". 『한국언론학보』 제55권 5호, 2011.
최길성. "한민족의 해외 이주와 문화변용". 『동북아시아 문화학회 제2차 국제학술대회』 자료집, 2001.
최병두. "다문화사회와 지구 · 지방적 시민성: 일본의 다문화공생 개념과 관련하여". 『한국지리학회지』 제17권 2호, 2011.
최영진. "환동해권의 소수민족 정책과 정체성: 재외한인의 사례". 『한국민족문화』 제45호, 2012.
최혜지. "이주여성의 문화적응 유형과 관련 특성에 관한 연구". 『한국사회복지학』 제61권 제1호, 2009.
하세가와 유키코. "일본의 한류: 한류가 남긴 것". 『한국언어문화학』 제4권 제1호,

2007.
한건수. “농촌지역 결혼이민자 여성의 가족생활과 갈등 및 적응”. 『한국문화인류학』 제39권 제1호, 2006.
한영균. “일본 내 ‘혐한류’ 현상의 실체”. 『일본문화연구』 제48집, 2013.
한은경. “한류의 소비자 지각상 경제적 파급효과: 한류 파생 문화산업 및 한국 소비재 산업에 대한 영향력을 중심으로”. 『한국방송학보』 제19권 3호, 2005.
허용선. 『환희와 열정의 지구촌 축제 기행』, 서울: 예담, 2003.
황혜경. “한류로 인한 일본인의 한국인과 재일코리안에 대한 인식 변화: 관서지방을 중심으로”. 『일본문화학보』 제36집, 2008.
황혜경. “재일코리안에 있어서 민족축제 의미와 호스트사회와의 관계”. 『일본문화학보』 제46집, 2010.

Abraido-Lanza, A. F., Armbrister, A. N., Florez, K. R., & Aguirre, A. N.. “Toward a theory-driven model of acculturation in public health research.” *American Journal of Public Health* vol. 96, no. 8, 2006.
Atkinson, D. R., Marton, G., & Sue, D. W.. *Counseling American Minorities,* SanFrancisco, CA: Mcgraw-Hill, 1998.
Barry, D. T.. “Development of a New Scale for Measuring Acculturation: The East Asian Acculturation Measure(EAAM).” *Journal of Immigrant Health.* vol. 3, no. 4, 2001.
Berry, J. W., Kim, U., Power, S., Young, M., & Bujaki, M.. “Acculturation attitudes in plural societies.” *Applied Psychology* vol. 38, 1989.
Berry, J. W.. “Immigration, acculturation and adaptation.” *Applied Psychology: An International Review* vol. 46, 1997.
__________. “A psychology of immigration.” *Journal of Social Issues* vol. 57, 2001.
__________. “Acculturation: Living successfully in two cultures.” *International Joural of Intercultural Relations* vol. 29, 2005.
Berry, J. W, Kim, U., Power, S., Young,, M., Bujaki, M.. “Acculturation Attitudes in Plural Societies.” *Applied Psychology* Volume 38, Issue 2, 1989.
Cabassa, L. J. “Measuring acculturation: Where we are and where we need to go.” *Hispanic Journal of Behavioral Sciences* vol. 25, no. 2, 2003.
Castro, V. S.. *Acculturation and psychological adaptation,* Greenwood Press:

Westport · Connecticut · London, 2003.

Fong, Stanley L. and Peskin, Harvey. "Sex Role Strain and Personality Adjustment of Chinese-born Students in America." *Journal of Abnormal Psychology* vol. 74, no. 5, 1969.

Gibson, M. A.. "Immigrant adaptation and patterns of acculturation." *Human Development* vol. 44, no. 1, 2001.

Gordon, M.. *Assimilation in American life: The role of race, religion, and national origins*, New York: Oxford University Press, 1964.

Harvy Cox. *The Feast of Fools,* 1971. 하비 콕스, 김천배 역. 『바보제: 제축(祭祝)과 환상의 신학』, 서울: 현대사상사, 1973.

Hull, Frank W.. *Foreign Students in the United States of America: Coping Behavior Within the Educational Environment*, New York: Praeger, 1978.

Jackson, Pamels B. and Lassiter, Sonia P.. "Self-esteem and race." In Timothy J. Owens, Sheldon Stryker, and Norman Goodman(Eds). *Extending Self-esteem Theory and Research: Sociological and Psychological Currents,* Cambridge, UK: Cambridge University Press, 2001.

Kearns, G. & C. Philo. "Culture, History, Capital: a Critical Introduction to the Selling." Kearns & Philo(eds.). *Selling Places: The city as cultural capital and past and present,* London: Pergamon Press, 1993.

Kim, Hong Nack. "The Korean Minority in Japan." *Korea and World Affairs* vol. 14, no. 1, 1990.

Lida T.. "The Festival and Ethnicity of Koreans in Japan." In Nakano, T., Lida, T. and Yamanaka, H.(eds). *Religion and Nationalism,* Tokyo: Sekaishisosha, 1997.

Marin, G. S., & Gamba, R. J.. "A new measurement of acculturation for Hispanics: The bidimentional acculturation scale for Hispanics(BAS)." *Hispanic Journal of Behavioral Science* vol. 18, no. 3, 1996.

Nash & Dennison. "The Course of Sojourner Adaption: A new test of the U-curve hypothesis." *Human Organization* vol. 50, no. 3, 1991.

Ngo, Van Hieu. "A critical examination of acculturation theories." http://www1.uwindsor.ca(searched date: September 25. 2013.).

Pamela B, Organista, Gerardo Marin, Kevin M. Chun. *The Psychology of Ethnic*

Groups in the United States, SAGE Publications, 2010.

Redfield, R. Linton, R., & Herskovits, M. J.. "Memorandum for the study of acculturation." *American Anthropologist*, vol. 38, 1936.

Sam, D. L., & Berry, J. W.. "Acculturation: When Individuals and Groups of Different Cultural Backgrounds Meet." *Perspectives on Psychological Science* vol. 5, no. 4, 2010.

Smith, R. A., & Khawaja, N. G.. "A review of the acculturation experiences of international students." *International Journal of International Relations* vol. 35, 2011.

Suinn, R. M., Ahuna, C., & Khoo, G.. "The Suinn-Lew Asian self-identity acculturation scale: Concurrent and factorial validation." *Educational and Psychological Measurement,* vol. 52, 1992.

Ward, Colleen. "Acculturation." In Dan Landis and Rabi S. Bhagat(Eds.). *Handbook of Intercultural Training*, Thousand Oaks, CA: Sage, 1996.

江口信清. "民族の祭りとエスニックアイデンティティの高揚: 朝鮮韓人による生野民族文化祭の事例". 井上忠司 他2人編. 『文化の地平線: 人類からの挑戰』, 東京: 世界思 想史, 1994.

金德煥. "民族のマグン(場): 生野民族文化祭". 『月刊 社會教育』第29号, 1985.

金贊汀. 『在日コリアン百年史』, 東京: 三五館, 1997.

藤井真之助. "民族祭り・マダンの系譜: 見る者と見られる者の關係性, 在日朝鮮人 の出会いの場から多民族・多文化共生實現へむけて". 大阪經濟法科大學アジア研究所 發表會, 大阪 7月, 2006(未刊).

朴鐘鳴. "韓半島の統一と在日朝鮮人". 朴鐘鳴 編. 『在日朝鮮人:歷史・現狀・展望』, 東京: 明石書店, 1999.

飯田剛史. "在日 コリアンと大阪文化: 民族祭りの展開". 『フォラム現代社會學』第5号, 2006.

王向然. "中国跨界民族状况及其形成". 『许昌学院学报』第31卷 第4期, 2012.

李瑜煥. 『在日韓國人 60萬: 民團・朝總聯の分裂史と動向』, 東京: 洋洋社, 1971.

在日本大韓民國居留民團中央本部. 『權益運動のすすめ』, 1978.

在日本大韓民國民團 編. 『民團 50 年史』, 1997.

田中宏. "排外主義と單一志向のおとし突". 民族名をとりもどす會(編). 『民族名をとり

もどした日本籍朝鮮人』, 東京: 明石書店, 1990.
鄭甲寿.『ワンコリア風雲錄: 在日コリアンたちの挑戰』, 東京: 岩波書店, 2005.
佐々木てる.『日本の国籍制度とコリア系日本人』, 東京: 明石書店, 2006.
ワンコリアフェスティバル實行委員會[編].『ONE KOREA』, 東京: ワンコリアフェ スティバル實行委員會, 1994.

Ngo, Van Hieu. "A critical examination of acculturation theories," 2008. http://www1.uwi ndsor.ca(검색일: 2013/09/25)
http://www.worldkorean.net/news/articleView.html?idxno=8737(검색일: 2013/10/15)
http://www.stats.gov.cn(검색일: 2013/10/15)
http://파인뉴스.kr/read.php3?no=22248&read_temp=20131028&section=32(검색일: 2013/12/13)
http://www.threemusic.com/suhkyung/music/folksong/board-i03-01.htm(검색일: 2015/08/10)
http://kr.chinajilin.com.cn/qihua/content/2012-05/09/content_86554.htm(검색일: 2014/06/25)
http://www.hellodd.com/news/article.html?no=4030(검색일: 2014/06/25)
http://ybrt.cn/board.php?board= news_photo&act=view&no=4790&page=32&search_mode=all&search_word=&cid=1&html=&item=&contents(검색일: 2014/06/25)
재일본대한민국민단. http://www.mindan.org(검색일: 2012/12/10)
정갑수. http://www.korean.net/cms/kboard/common/popupprint.jsp(검색일: 2012/12/27)
원코리아페스티벌실행위원회. http://hana.wwonekorea.com/history/MP/1985MP.html(검색일: 2012/01/13)
원코리아페스티벌실행위원회. http://hana.wwonekorea.com/okf2006/purpose.html (검색일: 2013/01/13)
원코리아페스티벌 홈페이지. http://hana.wwonekorea.com(검색일: 2013/01/13)
원코리아페스티벌실행위원회. http://hana.wwonekorea.com/history/MP/1991MP.html(검색일: 2013/01/13)
오사카시 홈페이지. http://www.city.osaka.lg.jp(검색일: 2014/08/15)

『길림신문』, 2005/12/27.
『길림신문』, 2014/08/10.
『대기원시보』, 2013/10/21.
『동북아신문』, 2008/08/22.
『동북아신문』, 2011/06/22.
『동아일보』, 2014/05/15.
『문화일보』, 2013/10/30.
『민단신문』, 2012/02/08.
『연합신문』, 2010/02/23.
『월드코리안』, 2013/05/23.
『월드코리안』, 2014/05/19.
『인민넷』, 2011/05/09
『인민넷』, 2012/05/18.
『재외동포신문』, 2010/08/16.
『중앙일보』, 2009/04/22.
『플러스코리아 타임즈』, 2013/08/24.
『한겨레』, 2004/07/21.
『한국대학신문』, 2014/01/05.

찾아보기

(ㅅ)

(ㅇ)